极简人际关系心理学

左岸◎编著

中国商业出版社

图书在版编目（CIP）数据

极简人际关系心理学 / 左岸编著. —北京：中国商业出版社，2017.4

ISBN 978-7-5044-9802-1

Ⅰ.①极… Ⅱ.①左… Ⅲ.①人际关系学—社会心理学 Ⅳ.①C912.11

中国版本图书馆 CIP 数据核字（2017）第 069319 号

责任编辑：武文胜

中国商业出版社出版发行

010-63180647 www.c-cbook.com

（100053 北京广安门内报国寺 1 号）

新华书店总店北京发行所经销

北京中印联印务有限公司

★ ★ ★ ★ ★

710×1000 毫米 1/16 14 印张 179 千字

2017 年 6 月第 1 版 2017 年 6 月第 1 次印刷

定价：39.80 元

★ ★ ★ ★

（如有印刷质量问题可更换）

前言
Preface

心理学将人际关系定义为人与人在交往过程中建立的直接心理联系，这种联系包括方方面面，通常指朋友之间的关系、亲属之间的关系、同学之间的关系、师生之间的关系、同事之间的关系、雇佣之间的关系等。面对如此纷繁复杂的关系，我们需要用智慧的方式去处理。也就是说，要想让自己的人际关系变得和谐融洽，我们在日常交往过程中，必须了解对方的心理动机，只有这样才能够将关系处理得井井有条，从而为我们的人生增光添彩。

现实生活中我们不难发现，有的人自身能力并不突出，但是他们做事时却显得游刃有余，别人费了很多力气、想了很多办法也无法完成的事情，而他们只需一个电话或一次约谈便轻而易举地将其搞定。这种人之所以能将难办的事情办好，主要在于他们的人际关系，是人际关系帮了他们。

法国著名作家罗曼·罗兰曾说：“人类的一切活动，其实就是心理的活动。”的确不假，我们从事的任何活动，都是心理活动的外在表现。在人际交往过程中，谁掌握了对方的心理变化，谁就能拥有主动权；谁读懂了对方的想法，谁就能够稳操胜券。所以，通过对心理活动的观察与分析，能够帮助我们解读人心、剖析人性、俘获人心，进而有效主导人际关系的脉络，让自己在职场上、商场上、亲友圈中成为最有分量、最受欢迎的人。

我们知道人类的心理是非常复杂而奇妙的，前一秒钟的想法可能会被后一秒钟否定，一个小动作或看似不经意的眼神均昭示出心理变化的过程。我们在人际交往过程中，要想拥有良好的人际关系，必须了解对方或他人的心理活动规律。一旦懂得了人际关系心理学，你可能不会成为一位心理学专家，但一定能够成为一位心理高手，一定能够时刻读懂对方的心理变化。

本书从人际交往中存在的普遍心理现象入手，通过对人际心理学的探讨和分析，帮助读者找到与他人正确交往的途径，从而扩大自己的人脉圈，让自己的人生更加精彩。在书中，我们在透析心理的同时也关注自身素质的建设。换句话说，要想让他人认可我们、亲近我们、愿意与我们交往，我们首先要有良好的心理素质和人格品质，因为在人际交往过程中，人们都喜欢与性格阳光、正直、善良的人交往；而那些性格阴暗、自私、善妒的人，人们常常是避而远之。

全书结构严谨，分八章对人际关系进行诠释。第一，要想建立良好的人际关系，就要进行自我提升；第二，我们将告诉读者如何让他人成为我们人际关系中的一部分；第三，主要讲如何吸引对方及扩展人脉。相信读者通过阅读本书，能够快速理清生活及工作中各种复杂的人际关系，让自己科学有效地管理人际关系，并由此扩大自己的人际关系网。毫不夸张地说，人脉决定命脉，当你通过人际关系心理学建立起庞大的关系网后，你就能够成为强大的自己，梦想会因此而展翅飞翔！

目录

Contents

025

第二章

言为心声：用舌尖搭建人际关系的舞台

第一章
内外兼修：为高品质人际关系打下基础

在现代文明社会里，人与人之间的交往日益密切和频繁，一个人要想在社交场所应付自如，就需要内外兼修，只有拥有高雅的仪表风度、完善的语言艺术、良好的个人形象、非凡气质修养的人，才能够在社交中赢得他人尊重，才能让自己的人际关系变得更好。

形象改变人际关系的走向

无论建立人际关系还是维护人际关系，都需要我们在社会交往中进行或完成。在各种各样的社交活动中，个人形象是人际关系好坏的重要参数。从心理学的角度讲，举止优雅、整洁大方、仪表端庄的人，往往能够给他人留下良好的印象，可以让他人产生再次与之交往的念头；而举止粗俗、衣冠不整、邋遢肮脏，会让人产生厌恶感，不愿意与这样的人进行交往或相处。因此，要想给人留下一个深刻的印象，让他人心甘情愿地与你相处，就要将自己最为美好的一面展现给对方。

一天中午，有个人走进街边的一家饭店，吃饱后一摸口袋，发现自己忘了带钱包，便用充满歉意的口吻对老板说："老板，十分抱歉，今天出门时忘了带钱包，明天我把饭钱给你送来行吗？"

老板微微打量了一下对方，说："没事儿、没事儿，哪天送来都行。"并友好地把他送出门。这一幕恰好被一个无赖看到了，他狡诈地一笑，大摇大摆地走进饭店，点了一些酒菜。酒足饭饱后，他学着刚才的那个人，将自己的口袋摸了一遍，并装出一副懊悔的样子，对老板说："老板，今天出来时，一时匆忙忘了带钱，改日把饭钱给你送来可以吗？"

老板同样是打量他一下，却一反常态，脸色马上变得严肃起来，揪住他，不给饭钱就不放他走。

那个无赖很不服气，还振振有词地说："为什么刚才那个人可以赊账，而我却不行呢？”

老板说：“你和他不一样。”

“哪里不一样？”无赖问道。

老板说：“他是一位有德行、值得信赖的人。”

“难道我就不值得信赖吗？”无赖反驳道。

老板口气坚定地说：“你当然不值得信赖。”

无赖有些不解，同样是人，为什么我就不值得信赖呢？想到这里便问道：“为什么我不值得信赖？”

老板说：“我注意到，他在吃饭的过程中，无论喝酒还是吃菜，都显得很斯文，说明他是一个有修养的人，他赊账我很放心；可你自从进入饭店，行为就表现得极为粗鲁，你不仅一只脚踩在板凳上，喝酒吃饭时，还表现出一副狼吞虎咽的模样。不仅如此，你酒足饭饱后，非但没有用桌子上准备好的餐巾纸擦嘴，反而用袖子擦嘴。从你的种种行为来看，你给我的印象很糟糕。所以，我不会让你赊账，甭想在我这里白吃白喝。”

无赖听后，顿时哑口无言，只得把外衣押在饭店内作为饭钱，然后狼狈而去。

穿着打扮、言行举止，可以显示出一个人的素质和教养。根据人际交往的原则，一个人风度翩翩、俊逸潇洒，能产生使人乐于与之交往的魅力，不修边幅、肮脏、邋遢的人，是不会吸引他人太多注意力的。

在社交场合一定要注意礼仪和形象，一个小小细节，很可能足以影响我们留给别人的印象，以及我们在别人心目中的地位。例如衬衫领子污黑，皮鞋沾着泥点，西服皱皱巴巴、污迹斑斑，头发蓬乱，指甲里满是污垢等。以这副样子出现在公共场合是缺乏修养的表现，会失去自身的尊严，让别人一看见就会觉得不舒服，很难取得对方信任，合作就更无从谈起。

不管是在生活还是工作当中，注重自己的形象，都是有益无害的。要在别人面前展示自己最有魅力的一面，让自己的形象成为吸引对方的资本。虽然说形象并不完全代表一个人的内在品质，却也是一个很重要的体现方面。但是应该注意的是，注重自己的仪表，不仅仅是指要穿得怎么好看，还要符合人们审美观感的要求，给人以新鲜清新的感觉，使人乐意接受。

强调注意细节，也许有人认为有点小题大做，其实不然。有些细节足以给人留下深刻的印象，会直接影响对方对你的信赖度。

个人形象需要你自己精心地去进行包装，你包装得越好，将越容易让人接受。保持一个良好的形象是对自己和别人的尊重，会使自己觉得处于最佳状态，也会让别人产生愿意接受的心理。

任何时候都不要忘记微笑

心理学方面的研究发现，当人们在面对微笑表情的时候，自己的嘴角也会不自觉地翘起来。可见，微笑是表示亲切、和蔼、友善最直接的方式，它具有引发公众产生愉快的情绪和美好联想的作用。在管理人际关系的过程中，一定别吝啬你的微笑。

安东尼·圣埃克苏佩里是一位法国飞行员，在“二战”的时候不幸成了纳粹分子的俘虏。第二天，纳粹分子就要杀害他。

圣埃克苏佩里的内心变得焦躁不安，他还年轻，有着自己深爱的妻子和儿女，他不想结束自己的生命。就在这时，他找到了半截烟头，他希望以此来安慰自己紊乱的思绪。不过，他手上没有火柴，根本不能把烟点着。这时，看守走了进来。圣埃克苏佩里朝他笑了笑，并向他借打火机。看守用一种厌恶的眼神看了看他，最后满足了他的要求。圣埃克苏佩里继续微笑着，开始与看守攀谈起来，不管看守愿不愿意听自己的话，他都说自己的。他说起了自己漂亮的妻子和儿女，并把他们的照片给看守看。渐渐地，看守脸上厌恶的表情消失了，一种温暖的感觉浮现出来——他被圣埃克苏佩里感动了。最终，他放走了圣埃克苏佩里。

这就是微笑的力量，它把不可能变成了可能。爱微笑的人总比别人要幸运，这是因为他们心怀虔诚——那是对万事万物的虔诚。

美国加利福尼亚的一个小女孩自从在电视上看到“复活节盛典”之后，就一直想参加这项表演。因为她对那些在舞台上空飞来飞去的天使很着迷，有哪个女孩没做过天使梦呢？于是，她就开始去参加天使角色的面试。但很遗憾的是，每一年她都在第一轮就被淘汰了。面试的时候，一位舞蹈教练会教给面试的女孩们一段舞蹈，然后让她们模仿。这个小女孩因为不擅长跳舞，总是显得笨手笨脚。坚持到第三年，她准备放弃了。

这时，她的一个连续两年被选为天使的朋友悄悄地告诉她：“微笑就是面试的诀窍，微笑的同时要看着评委的眼睛。不管你的舞蹈有多么糟糕，他们是不会注意到你的舞步的！”小女孩将信将疑，但是还是按照朋友的建议做了。这次面试的时候她一直面带微笑，她的舞技依然很糟糕，但是面试过程却非常愉快，她不再担心自己的表现是否完美，而是把自己想象成一个天使，在空中高飞。

果然，面试结束后，舞蹈教练留下了她。后来，小女孩从加州搬走，再也没有参加过天使的演出，但是她体会到了微笑的魔力，无论走到哪里，每当恐惧和怀疑将要占据自己心灵的时候，她都会对自己微笑，总能够重拾自信，获得好运。

很多时候，微笑比语言更能够表达心境，它甚至是最好的交流工具。一些不懂得利用微笑价值的人，实在是很不幸。要知道，微笑在交往中能发挥极大的效果，无论在学校、在家里、在办公室，甚至在途中遇见朋友，微笑都能显示出最有亲和力的一面来，因为它具有非凡的魔力。

当然，不同的微笑会表示不同的含义。例如，不出声、不露齿的微笑，表示接受对方，待人友善；唇部向上移动、略呈弧形，但牙齿不外露的微笑，表示自信、充实、满意、友好；轻笑、嘴巴微微张开一些，上齿显露在外，表示欣喜、愉快，多用于会见客户、向熟人打招呼等情况；浅笑，则多见于年轻女性表示害羞之时。

微笑看似简单，其实并不是很容易就能做到的。笑要讲究方法，如果笑的方法不对，则可能使笑比哭还难看，或者显得非常假，甚至显得很虚伪，让人误会。所以，一定要掌握笑的方法。那么，在人际关系中，怎样才能使自己发出会心的微笑呢？怎样才能让自己的微笑为别人所认同呢？

1. 心中要对生活充满热度

可能是工作的压力和微妙的人际关系，让我们觉得周围布满了“陷阱”和“暗礁激流”，特别是“办公室政治”带来种种不公时，我们会更加感觉到世道是如此的险恶。但是，请相信这不是生活的本来颜色，之所以有这种负面情绪，主要原因是在于我们的心理出现了变化，没有真正品味到生活的真谛。只有相信自己的能力和智慧，让阳光照亮内心，就能看到生活中美好的一面，脸上的微笑就会变得自然而真诚。

2. 学会用微笑化解对自己不利的局面

任何人都不是十全十美的，我们的身上总会存在着这样或那样的缺点，当别人说出你的不足或缺点，甚至使你感到难堪时，你应该一笑了之，不必放在心上。这样的微笑，显得既有涵养又大度，可以“化困窘为祥和”，不会让你张口结舌，面红耳赤，处于尴尬的地步。

3. 微笑时的气度要优雅，不可粗俗、放肆

微笑是世界上最生动最温暖的语言，是内心真情的自然流露。通过微笑，可以表现出一个人的涵养和精神追求。所以，我们在微笑时要优雅大方，一旦你的微笑中有粗俗、放肆的色彩时，对方的心理就会产生排斥感，这不利于人际关系的发展。

4. 避免一些不正确的笑容

微笑通常能传递出内心美好的一面，但有些笑容虽然属于微笑的范畴，却会制造出一些负面效应，不利于我们对人际关系的管理。比如冷笑，充满不屑、无奈、怒意及讽刺等负面情绪，这种笑容一旦被对方捕捉到，内心马上会产生抵触情绪；媚笑，这种笑容往往让对方觉得，我们可能是出于某个目的或达到某个目标，而去刻意讨好对方，从而让对方产生提防心理，非但不能达成所愿，反而让对方反感；娇笑，是一种装腔作势的笑，有模仿之嫌，让对方觉得你没有修养，继而对我们产生厌恶心理；窃笑，就是偷偷笑话他人，看到别人出现失误或遭到批评，自己幸灾乐祸，这种行为最让人反感。

用声音“迷”住对方

声音是一个人裸露的灵魂。心理学家认为，声音决定了你 38% 的第一印象。当人们看不到你时，音质、音调、语速的变化和表达能力，决定我们说话可信度的 85% 。声音就像社交场上的第二张名片，但是能否驾驭好这天赐的优点，就要看你的本领了。听声辨人，声音可以反映出人体的很多状态，比如说情绪、情感、年龄、健康状态、喜好，等等。

好的声音会增强你的吸引力，相反，一个无法入耳的声音是很难让人接受的。

小超是一个性格内向的小学五年级学生，不太喜欢与人交流。最近由于父母工作的缘故，他转入了一个新的学校。

张老师是小超的新班主任，为人和善，同学们都很喜欢她。这天上体育课，张老师到她的班里取一件东西，发现小超一个人在教室里坐着，显得很是孤独。

张老师知道小超是刚刚转学过来的，通过这几天的观察发现他性格比较内向，再加上对这里的新环境不是很适应，很少和同学们交流。想到这里，张老师走到小超的身边，温柔亲切地问道："小超，你为什么不出去和同学们一起玩呢？"

小超低头不语。

张老师用满含鼓励的声音说："我知道在这里你没有新的朋友，那老师就是你最好的朋友，你愿意和老师成为最好的朋友吗？"

小超抬起头看着老师微微地点了点头。

张老师继续用温和的声音说："既然我们都成为好朋友了，那我们出去玩吧！"

小超似乎感受到了张老师的温暖，与老师一起走出了教室。

在之后的日子里，通过张老师温和地与小超沟通，他变得开朗了很多，经常和同学们一块在操场上做游戏、踢足球，学习成绩也提高了。

教师节那天，张老师收到小超的贺卡，上面写着："谢谢张老师，您的话语像花儿一样轻柔动人，我很喜欢现在的班级，祝您节日快乐。"

张老师如果是用严厉或者责怪的声音与小超说话，谈话的气氛就会马上变味，当然更不会有最后完美的结果。

别小看声音的作用。在管理人际关系的过程中，与人谈话就像是一场“朗诵”比赛，美妙且富有感情的声音会让听者融入谈话内容之中，从而很容易与你产生共鸣。如果不注重这方面的包装，失去了感情，也就无法达到“朗诵”的目的。人毕竟是情感动物，有的时候谈判成功了，也许并不是因为你所列出的条件吸引了他，而是因为你的声音，你感情的真心流露，使你的谈话内容变得鲜活起来，从而深深地打动了对方。

其实，人际交往也像是一出戏，每个演员也许从来都没有经历过剧本中人物的生活，但是，还会尽自己的全力，找对人物、剧情所要求的情感思路。同样的道理，人际关系管理也要求你随时入戏。当然，演员也有好坏之分，本色演出往往会更为出色。这在社交中也是一样的，你的内心感受与你声音的表达越接近，情感就会传递得越到位，效果也就会更好。

那么，我们在日常生活中，怎么提高自己的声音质量，从而让自己的人际关系获得一个良性的发展呢？

1. 表达方式

我们在训练表达方式时，可以找一些朗朗上口的诗歌或短篇散文，采用激动的、忧伤的、喜悦的、压抑的、滑稽的戏剧化声调把它读出来，长期坚持下去，可以提高你的声音魅力。

2. 说话的音量

平时要是觉得自己的声音过于轻柔，要想变得简洁有力，可以站直或坐直身子，抬高头，面向室外高声说话；如果想降低自己平时说话的声调，首先要放松心情，回想一些自己日常熟悉的温婉的音乐旋律，然后跟着旋律小声哼唱。

3. 说话的速度

如果自己说话的速度过快，会给对方造成理解上的困难；如果说话过慢，倾听者往往会失去耐心。要想让自己的语速保持适中，让对方既听得清楚又听得明白，可以把播音员的声音录下来，然后模仿播音的语速进行锻炼。

4. 说话的发音

我们常常听到有些人在讲话时，开头的声音清晰宏亮，但最后收尾时却声音低沉甚至含糊不清，为什么会出现这种情况呢？这主要是气力不够。要想克服这一弱点，平时就要多练习“腹式呼吸”，避免“胸式呼吸”。所谓“腹式呼吸”，简单地说就是气流从腹部发出，这种气流沉稳有力度，而“胸式呼吸”则会造成气短不足的现象。所以，说话前多吸一些空气，吐气由腹部控制。长期坚持训练，就可以改善尾音不足的状况。

眼睛能帮你说话

人们常说：“眼睛是心灵的窗户，也是灵魂的镜子。”灵魂储藏在你的心中，闪动在你的眼里。孟子在《离娄上》中有一段观察人的眼神来判断人心善恶的论述：“存乎人者，莫良于眸子。眸子不能掩其恶。胸中正，则眸子瞭焉；胸中不正，则眸子眊（眼睛昏花）焉。听其言也，观其眸子，人焉廋（藏匿）哉?”眼神毫不掩饰地显现了一个人的学识、品性、情操、性格等。戏剧表演家、舞蹈演员、画家、文学家、诗人都会刻意研究人们的眼睛，认为它是灵魂的一面无情的镜子。

因此，与人见面时，眼神的表现是至关重要的。如果眼神漂移不定，对方就会在潜意识里认为你为人不够诚恳或不够稳重。特别是身处陌生环境时，一定要注意到这样的问题。无论身处的环境令你多么的惊奇，也要避免因为好奇而左顾右盼。《红楼梦》中刘姥姥逛大观园的形象如果在此时出现，淳朴的气息是不会出现的，反而会让人觉得你鬼头鬼脑，甚至认为你心术不正。

某知名公司的面试官在候选的两个人中做了最后的抉择，他毫不犹豫地选择了那个看起来样子很平凡的女子，而旁边美丽的女子简直不敢相信这一切。她非常不服气地问其原因。面试官笑了笑，回答说："女士，首先我应该说，你真的很漂亮，非常智敏，学历也很高，可是这些对我们公司所需要的人才而言并不是最重要的。我只能说你表现得并不好。在面试的时候，语言不多，在陈述自己工作经历的时候，虽然伴有身体语言，但是很抱歉，它们并没有为你加分。特别是你刚刚进来与各位面试官握手的时候，只用指尖轻轻一握，我们这里的任何一个人都没有和你有过眼神交流，我们无法判断出你待人是否诚恳。而那个很平凡的姑娘却大不相同。除去和你差不多的学历及能力之外，在和她握手的瞬间，她诚恳且友善的眼神已经告诉我们，她十分想加入这个大集体，想在这个岗位上发光发热，而我们选择相信她。"漂亮的姑娘愣了，难道她是败在眼神上了吗？

眼神是最富有感染力的表情语言。在发展人际关系的过程中，眼睛就像是语言最得力的助手，可以表达万千变化的思想感情。除了流露情感之外，眼睛凝视时间的长短、眼睑睁开的大小、瞳孔放大的程度以及眼睛的其他一些变化，都能传递最微妙的信息。就以上面的面试场景为例，要想做到从容且诚恳，眼神是不可忽略的一门功课。

日本学者斋木深在《心理学的趣味实验》一书中讲过一个用眼神控制他人的故事：

有一次，两位要好的朋友准备乘坐同一辆车外出办事，平时这辆车就是人满为患，他们中途乘车肯定找不到座位。站台上，一个人对另一个人说："上车后我不用说话，就会有人给我让座。"朋友不相信，说他吹牛，他自信地笑了笑，没说什么。

车很快来了，他们两个相继进入车厢，车内果然座无虚席，刚才那位说“大话”的人扫视一眼车厢后，开始用目光凝视面前的年轻女士。刚开始时，那位年轻女士只是抬头看了一眼凝视她的人，并没有将他放在心上。他的朋友扯了扯他的衣角，低声耳语道：“别总盯着对方看，别人还以为你图谋不轨呢！”他没有理会朋友，继续盯着她。过了一会儿，那位年轻女士似乎发觉他一直在盯着自己，显得有些不自在。大概三分钟后，她站起身来，把座位让给了他。

这就是一个人目光凝聚时，隐藏其中的意志和精神所产生的作用。那么，在维护或扩展人际关系时，我们该如何打造自己的目光优势呢？

1. 短时间锁定对方的瞳孔

很多人在接触陌生人时，都会有眼睛不知该往哪里放的感觉，于是很多人会选择在对方的脸上找一个落脚点，例如对方眉间的一颗痣，脸颊的一小块伤疤等，如果这样做，你还没有开口交流时，对方也许就会愤怒地问：“你在看什么？”或者直接跑回去照镜子了。这种情况下，双方根本没办法进一步交流。这时我们要改变自己，要练习直接对视对方的瞳孔。特别是对陌生人，不要关注他们眨眼、斜视，以及飞起的发丝等。只要看向对方眼睛的最深处，保持视线不动，几秒钟后，我们就会获得掌控权。

2. 目光不要有侵略性

与人交流时，目光要自然、柔和、亲切、真诚。但是，要注意“注视”并不是死盯着对方的眼睛，否则适得其反，反而会让对方觉得极不自在。值得注意的是切不可东张西望或是双眼望天，这样做不仅显得很失礼，而且也会让别人觉得你缺乏教养。

3. 控制自己的眨眼次数

一般情况下，每分钟眨眼6~8次为正常。如果眨得频繁，会让别人误解我们在说谎，或是认为我们对对方不感兴趣乃至厌恶，从而给社交活动带来不必要的麻烦。

4. 在交谈的过程中眼神要做适当的交流

嘴在忙着，不要忽略了眼神，若双方目光相遇、相对视，不应慌忙移开，应当顺其自然地对视1~3秒钟，然后才缓缓移开。这样做的人显得心地坦荡，容易取得对方的信任；一遇到对方的目光就躲闪的人，容易引起对方的猜疑，或被认为是胆怯的表现。

总而言之，一个人的眼神是其内心情绪的表达。若想通过眼神来控制一个人，让对方跟着我们的节奏走，就必须将内在情绪调动到最饱满的程度，我们的眼神就自然而然流露出了内心的想法，或愤怒，或震慑，或深情，或怜悯，或缠绵……

让适当的手势，为人际关系锦上添花

在人与人交往的过程中，适当的手势能辅助语言的表达，甚至比语言表达得更准确，因为人的语言或许会有假，但是身体不会说谎。所以，在建立人际关系或维护人际关系时，身体语言能传达真实的内心情感。尤其是手势，能准确地反映人物内心的真实变化。

高原是一名刚毕业的大学生，经过多家公司的面试，但都因为过度紧张而失去了工作的机会。

一天，他又去应聘了一个工作。面试前，他时刻告诉自己一定要放松自信一点。

高原走进面试办公室，双手把简历递给面试老师，然后坐下。

在面试过程中由于老师提问了一些比较实际难懂的问题，高原顿时感到很紧张，双手便不由自主地揉搓在一起，老师看他紧张的样子，鼓励他："这些都是专业性比较强的问题，在实际的操作中要学会冷静应对。"

在接下来的交流和沟通中，高原见老师也并没有那么严厉，精神也变得没有那么紧张了，手很自然地放在身前，在讨论到比较有共识的问题时，还做出手舞足蹈的架势，总之整个面试下来，对自己的表现还算满意。

当他要走的时候，面试老师说："你明天就可以考虑一下来上班了。"

"知道为什么录用你吗？"

高原摇摇头。

"那是因为你的手势变化，让我觉得你还是比较适合这个岗位的，以我面试观察人的多年经验来看，习惯掰手指头的人思维一般比较缜密，从事这种比较严谨周密的工作会很有耐心。所以，我在刚才面试过程中特别注意你的手部动作，总体来看，你还不错。"

就这样，高原因为自己的手部动作幸运地得到了一个工作的机会。

人的肢体语言中，手上的动作不可小看，例如交警、航海员等基本上都是通过手势进行交流的，当然这是非常专业的手势。在人类发展的过程中，手势可以透露很多的秘密。上面案例中的面试官，判断高原是否适合这个工作的一个因素就是手上的细微变化，也许这种方式过于主观，但是却包含一定的科学道理。因此，我们一定要多注意手势的表达，避免错误的手势传达错误的信息。那么，在人际关系交往中，该如何适当地应用手势来传达信息呢？

1. 手势的使用要合乎惯例

在使用手势时，一定要注意，你所使用的手势必须是大家都认可和知晓的。这样的话，手势才能准确地传达出想要表达的意思。否则，你使用的手势别人看不懂，不但不能将所表达的意思传递给对方，还可能会因此而引起误会，带来不必要的麻烦。比如介绍事物的手势、指示方向的手势、“请”的手势、鼓掌的手势等，都有其约定俗成的动作和要求，不能自己想当然地乱加使用。一般情况下，当看到自己不了解的手势时，大多数人都会保持沉默，以待观察，或者是从对方的口头语中获得相应的信息。

2. 手势的使用要适度

有的人在与人谈事时，两只手总是安静地待着，动也不动，这给别人一种不舒服的感觉。事实上，人在交流时，对方会观察我们的身体语言，除了眼神外，还有手势。因此，在社交场合中，要适当地使用手势语。当然，也不能乱用，无论做什么事儿都要有个度，如果过度了，就会给别人带来压力。同样的道理，使用手语也如此，比如说，握手表示欢迎，可是有的人一见面就握手，而且握住还不放。试想，一个人一天之内与你见三次，还要握三次手，而且每次握住都不放，谁能受得了。

3. 手势的使用要避免“雷”区

手势语的使用也有很多的忌讳。如果不了解这些忌讳，就会给别人带来不好的印象，给人际交往蒙上阴影。例如，介绍某人或为他人指路的时候，要使用手掌，四指并拢，掌心向上，这样会给对方一种受尊重的感觉。当然，最基本的要求是，不能用手指对他人指指点点。生活中很多人总是在不经意间用食指指人，这是非常不礼貌的做法。在与人交谈的过程中，手势的幅度不宜过大，更不要手舞足蹈。一般情况下，手势上界不应该超过对方的视线，下界不低于自己的胸区，左右摆动的范围不要太宽，应在人的胸前或右方进行。与对方第一次见面，交谈的时候，避免抓头发、玩饰物、掏鼻孔、剔牙齿、抬腕看表、高兴时拉袖子等粗鲁的手势动作。总之，在使用手势语的时候，要多了解禁忌，避免因为自己的不了解而让人产生误会。

别让小动作毁了自己

与人交往，要特别注意自己身上的一些微小动作。虽然它们看上去毫不起眼，但是很多时候，人们正是通过这些细节来判断你的修养及素质。如果你恰好有做这些小动作的习惯，那么，在维护人际关系的过程中，你的形象就可能大打折扣。

所谓小动作，是指如抖腿、啃指甲、大声说话、拽衣服、理头发等在生活中显得很平常的行为，但这些行为一旦出现在社交场合，就会变成不尊重人、不雅观、令对方不快的不文明行为。

就职于某大型广告公司的刘辉很有能力，既懂得广告策划，又懂得经营管理，是公司重点培养的对象。可是，他却因为自己习惯性的小动作而被辞退了。

其实，刘辉不仅工作能力突出，外在形象也非常出众，但他有个非常不雅的小动作，就是无论做什么，他总要将一根手指头放在嘴里，在公司也是如此。有几个人好意提醒过他，但他从不在意这些，觉得自己的专业能力才是最重要的，与其将时间花在改变这个习惯上，还不如把广告方案做得更好。

他的同事在习惯了之后，也没有过分注意这些。可是，公司新上任的副总是一个很注重个人外在形象的人，他不好直接说刘辉，就多次开会强调员工要注意个人形象和企业形象的关系。但刘辉根本没想到是在提醒自己，就没往心里去，依然我行我素。

有一次，刘辉陪副总一起去某单位洽谈广告方案相关事宜，副总事先就提醒刘辉要注意个人形象。没想到刘辉在洽谈过程中，仍将手指头放在嘴里，这使副总觉得非常尴尬。后来，副总还因为这件事情狠狠地批评了刘辉一顿。刘辉却觉得他小题大做，虽然有所改善，但是效果并不明显。最后副总实在是忍无可忍，终于找了个借口将刘辉辞退了。

当下，社会快速发展，老死不相往来的时代早已离我们而去，无论是学习、工作还是生活，都要与别人进行交往，与人交往时，我们的言行会或多或少地对他人产生影响。像刘辉这样在社交中毫无顾忌地含手指，当然会让人心里不舒服，尤其是在客户面前，更是让自己公司的人觉得丢脸，毕竟在社交场合做出这种小动作，是不尊重人的表现。最后刘辉也尝到了自己种下的苦果。

因此，千万不可小看这些不起眼的小动作。在平时的工作和学习中，要尽量避免各种不良的生活习惯，如果发现，尽早改正，以免影响你的人脉和正常的人际交往。形象对于一个人来说往往非常重要，为了维护自己良好的个人形象，要尽量改正下意识的小动作。那么，在生活中，改正这些不良小动作，有什么方法和技巧呢？

1. 适当地学习社交礼仪

到底怎样说话是对的？怎样说话是错的？怎样坐立能赢得别人的好感？怎样坐立会拒人于千里之外？这些具体的标准和行为准则，除了小时候从父母的言传身教中学到一部分外，还需要通过其他的途径来获得。要想改掉这些不良的小习惯，有必要对社交礼仪进行一个系统的学习。通过系统的学习，才会发现自身的问题，从而改正这些问题。

2. 不间断地请人帮助检测

正所谓“当局者迷，旁观者清”，一般人很难发现自身存在的问题。再加上平日里，谁也不会为了一个小动作而计较，这样，就给那些下意识的小动作酝酿了生存的空间。但是，在关键时候就会坏事。要想纠正自身的问题，不妨请身边的朋友或家人给你指出来。当然这时候要明白，别人挑你的毛病是为了帮助你。当你的那些下意识的小动作被挑出来，一一改正之后，在说话做事的时候就不会因此而损毁自己的形象。当然，在改正老毛病的同时，不能养成新毛病，否则更正自身的小动作就会失去价值和意义。

3. 要养成良好的生活习惯

俗话说“习惯成自然”，平日里不注意自己的言行，觉得说一句不合适的话，或者是做一件不合适的事情也没有什么，大不了以后不做就是了。可是当你每次有这样的心理，时间久了，就会形成习惯。这些不好的习惯有些时候会在不经意间蹦出来，或者因为条件反射，随口说出来了。所以，要想让这些下意识的小动作不“粘”在自己身上，就要养成良好的生活习惯，不要为坏习惯寻找借口，而要坚决杜绝。比如说脏话，有的人觉得说一次没什么，说两次没什么，可是渐渐发现，自己改变不了随口说脏话的毛病。试想，当在关键时候，冷不丁冒出一句脏话来，别人会怎么看你？你的形象能不受损吗？可见，要养成良好的生活习惯，不要给自己找借口，去培养不良的小动作。

有气场，何愁没有人际关系

每个人都需要交际，都希望对方喜欢自己，都希望能够建立良好的人际关系。事实并非如此，有的人在交际的过程中很容易就赢得了对方的认可，而有的人却要花费很大的精力与时间。主要原因除了个人的沟通技巧之外，还有就是个人的气场。

任何物质都存在着气场，强弱不一，性质也是千差万别。道家有一种理念是：“一生二，二生三，三生万物。”这个理念与个人气场有很大的关系，所谓“万物”便是指一个人的底气、气质与散发出的能量。

稍加留意就会发现每个人的性格、言行举止等给我们的感觉有所不同，明星的出现瞬间就能够征服很多人；一般人的出场会让很多人视若无睹，这就是个人气场所散发能量的大小造成的。交际过程中，这种感觉会影响到每一个人，尤其是在第一次与对方的交往过程中，个人的气场从中起到很重要的作用。具有强大气场的人，更容易打动对方的心，气场小的人却不能够引起对方的注意。

亚伯拉罕·林肯是美国第16任总统，小时候由于家境不好，仅受过一点初级教育，但是人们却为他的正直、宽容、仁慈、坚强的个性所折服，这使他最终成为美国历史上最受人景仰的总统之一，领导了美国历史上的拯救联邦和结束奴隶制的伟大斗争。马克思曾这样评价林肯：“他是美国历史上最伟大的总统。”

林肯一生荣获许多的荣誉与称赞，这与他个人的气场有很大的关系。林肯一生经历了太多的磨难，也经历了很多次失败，但是他没有被击倒，仍然用幽默风趣来对待所遇到的困难。

有一天，林肯步行到城里去，当有一辆汽车从他的身后驶过来的时候，他扬手示意车停下来，准备搭乘这个陌生人的车进城。

车停后，林肯对司机说：“能不能替我把这件大衣捎到城里去?”

司机说：“当然可以，可我怎样将大衣交还给你呢?”

林肯回答道：“哦，很简单，我打算裹在大衣里头。”

司机被他的幽默所折服，微笑着让他上了车，就这样林肯搭车去了城里。

林肯之所以能从艰苦的环境中成为美国的总统，与他伟大的人格魅力有直接的关系。

与人交往的过程中，对方的目光、微笑、言谈举止都会在我们心中形成一个印象。印象好的人，我们想与对方接近，更希望能与这样的人做朋友。拥有强大气场的人，也许与他只是一面之交，但也会因其身上折射的魅力而格外引人关注。

有一位著名的商店经理说："有些人生来就有与人交往的天性，他们无论对人对己、处事待人，举手投足与言谈举止都很自然得体，毫不费力便能获得他人的注意和喜爱。"那么，气场到底是如何来的呢？

戴拉丽斯修女是电影《修女也疯狂》中的主人公，因为开朗、敢于打破陈规的性格给观众留下了深刻的印象。从初来修道院大家不能接受她，到最后大家都离不开她，戴拉丽斯在修道院中的所作所为让大家为她的人格魅力所感动。每一个接触戴拉丽斯的人都被她那强大的气场所感染。

腐朽、沉闷的修道院即将面临关门的命运，因为她的到来，而发生了翻天覆地的变化，她不仅拯救了唱诗班，还拯救了整个修道院。

修道院中原来的唱诗班每天都重复着同样的声调，戴拉丽斯将摇滚元素加入到宗教音乐中，还对修女们进行了专业的声乐训练。顿时，唱诗班出现了一种从未有过的活力。

保守的规矩磨灭了修道院中修女的个性，戴拉丽斯深入到每一个修女内心深处，了解每一个人的渴望，用音乐的魅力感染里边的每一个人，让每一个人都敢于发出自己的声音，展现最真实的自己，最终救赎了她们。就连原本对流行事物不屑一顾的修道院院长最后也接受了她们新潮的思想。

戴拉丽斯修女用自己的善良、乐观、勇敢、才华征服了所有的修女，但她本身却并不觉得自己有多特别，她只是做了觉得应该做的事。就是这样的魅力，让每一个修女都愿意跟她在一起。

没错，戴拉丽斯修女就是拥有强大气场的人，修道院的修女们从最开始不能接受她，到最后都喜欢上她，就得益于她的内在魅力。

气场是比气质更强大的内在吸引力。拥有强大气场的人对他人有很强的吸引力，他人愿意尊重这样的人、去靠近这样的人。拥有强大气场的人，自然就有很大的影响力，身上所散发出的震慑力，让别人很难忽略掉。气场是一个人内在价值的外在表现，它源于强大的内心。一个人的一举一动都能折射出自身的修养和自信心。

在管理人际关系中，拥有强大气场的人会有很多优势，这样的人一定是有魅力的人，每个人都愿意与他接近，能在对方心中留下深刻的印象。既然气场在人际关系中的影响力很大，因此，提升自己的气场就尤为重要。气场虽有先天的形成，但更多的是通过后天培养而形成的，那么，我们如何来提升自身的气场呢？

1. 保持良好的心态

热爱生活的人精神状态会表现得与悲观沮丧的人不一样，也许一个人先天因素有很多不能改变，但心态却是可以改变的，而且，只要愿意，每个人都可以拥有良好的心态，拥有更好的生活。这也是上天赐给人类最宝贵的财富。

2. 做最真的自己

世界上每个人，都可以拥有属于自己独特的气场。每个人都是独一无二的，我们来到这个世界上，最重要的事情就是坚持做自己，忠于内心的真实想法，不随波逐流。这样的人才是有魅力的。

3. 提升自身修养

如果一个人拥有美丽的外表，也许在第一次见面的时候，别人愿意接近他，如果要保持长时间的交往，就必须靠内在的涵养和气度去吸引他人。可见，外貌可以修饰，但内心却无法伪装。

彬彬有礼让你的魅力更添一层

心理学上认为，礼仪是人与人交往过程中，最为基本的道德规范。礼仪让对方在心理上感觉到自己得到了尊重，可以为我们打造和谐人际关系提供保障。一个缺乏基本礼仪的人，不会有很好的人际关系；彬彬有礼之人，其人际关系一定是融洽的，无论是工作中还是生活中，一旦遇到困难，许多人都会站出来帮助他。所以说，礼仪在我们处理人际关系过程中，具有重要的地位。

礼仪基本上包括礼节、礼貌及仪式。心理学告诉我们，礼节是向他人表示感谢、尊重、欢迎等的惯用形式；礼貌是动作和语言的一种表达形式，给他人在心理上产生谦虚的感觉；仪式则是一种按照一定程序举行的典礼形式，适用于大的场所，规模比较隆重。

随着生活越来越丰富，各种社会交往越来越多，我们要想拥有良好的人际关系，必须在日常工作、生活中懂得礼仪，才会给对方留下良好的印象。

1. 交往礼仪

（1）当与人交谈时，对方说完，你需要及时接上话，这样的交流才能在轻松愉快的氛围中进行；如果对方说完上句，你没能说出下句，将直接导致双方出现心理落差，对人际关系极为不利。

（2）因某件事或某句话出现失误时，不要耷拉着脑袋，应该面带微笑看着对方，表示接受对方的批评和教育，这样在对方心理上可以产生认可感，认为你知道自己错了。

（3）对方说话时，不要左顾右盼，最好的方式是脸上带着微微笑意看着对方，这样可以显示出你的礼貌，从而让对方在心理上感觉到，你很重视他说的话。

（4）站有站相，坐有坐相。这样使对方在心理上感觉到你是一位有修养的人，可以提升你的人际关系。

（5）不要轻易做出承诺，一旦答应了对方，就一定要做到。这样可以使对方在心理上感觉到你是一个靠谱的人，从而愿意与你交往。

（6）饭局上与人碰杯时，自己手中的杯子一定要低于对方，尤其是与领导或长辈碰杯时，自己的杯子高过对方是大忌。你的杯子低于对方，对方在心理上会产生优越感。

（7）批评他人时，要听得进去他人的辩驳或理由，不要武断地认为对方在狡辩。这样的话，对方会觉得你与他的心理距离比较近，他会认识到自己真正错在哪里，对你会表现得心服口服。

（8）任何时候都不要将你的秘密轻易告诉别人，倘若对方将自己的秘密告诉你，你一定要守口如瓶，这样可以让对方觉得你是一位值得信赖的人。

（9）接打电话时，第一句一定要说“喂，你好”，不要忽视这个简单的开场白，对方听到后，心理上会产生一种舒适感；通话结束后，一定要等对方先挂电话，如果你先挂电话，对方在心理上会觉得你不耐烦，这样不利于人际关系的发展。

（10）无论是人前或是人后，千万不要讨论他人的是非，这样你便在对方心理上产生值得信赖的印象。

2. 行为礼仪

（1）与他人一起走路时，不要将双手插在口袋内；如果你将手插在口袋内，会在对方心理上造成一种高冷的印象，认为你这个人不容易交往。

（2）如果是弹簧门，无论是推还是拉，要让对方先进入，自己后进；如果后面还有同行的人，要主动把门扶好，防止门回弹时拍到对方。这虽然是一些小动作，但他人看在眼里，记在心里，你会在对方心理上产生安全感。

（3）当对方为你开门时，一定要说声谢谢。这样的话，对方在心理上会觉得你有礼貌有修养。

（4）当屋内有人，自己要出去的时候，出门后，一定要轻声关门。这样的话，屋内的人会在心理上觉得你没有给自己造成噪音，从而会对你产生好感，有利于人际关系的发展。

（5）去别人家里，不要坐在人家的床上。床是供人休息的地方，属于家庭中的隐私部分，如果你去别人家里，坐在人家床上，会让人家对你产生逆反心理。

（6）坐在椅子或沙发上时，不要左右摇晃，更不要跷起二郎腿。如果你做了，会让对方在心理上感觉到你比较轻浮。

（7）送人走时，一定要送出门，然后说："请慢走。"这样的话，对方在心理上感觉你重视自己。

（8）如果你是最后一个进门，一定要随手关上门。这样一来，他人在心理上觉得你是一个细心的人。

第二章
言为心声：用舌尖搭建人际关系的舞台

台湾著名成功学家林道安曾经说过："一个人不会说话，那是因为他不知道对方需要听什么样的话。假如你能像侦察兵一样看透对方的心理活动，你就知道说话的力量有多么巨大。"我们要想建立自己良好的人际关系，必须知道如何说话，懂得说话的方法，把握说话的时机。

人人都想被赞美

人最强烈的渴望之一，就是得到他人赞美和肯定。有时候，简单的一句赞美，就可以给人以积极向上的力量，就能够让你获得别人的好感，可以让人际关系变得更加融洽。心理学家赫洛克曾做过这样一个实验：

他找来一群测试者，将他们分成4个小组，这4个小组分别完成同样的工作任务，在完成任务的同时，赫洛克给他们不同的刺激。第一组为赞美组，每次工作后，赫洛克会给他们鼓励和表扬；第二组为批评组，每次工作后，赫洛克会对存在的问题进行严厉的批评；第三组为被忽视组，每次工作后，赫洛克只是让他们看着其他两组人员接受批评或称赞，但是对他们没有任何评价；最后一组是对照组，这一组与前三组隔离，他们完全不知道实验过程中有什么状况发生。

实验结果显示，赞美组的工作效率最高，然后是批评组，接下来是被忽视组，最后则是对照组。实验结果表明：受到评价的人，工作效率会有所提高，相对于被批评来说，被赞美的情况下，工作效率能够有最大的提升。

著名作家狄更斯正是在赞美声中踏上文学之路的。年轻时的他虽然立志要成为一名作家，但是他本身并没有受过多少正规的学校教育。不仅如此，狄更斯还面临着巨大的经济压力。后来，他终于找到一份工作，生活多少得到了一些改善。这时，他开始了自己的写作生涯。

起初，他对自己也没什么把握，不知道自己写出来的东西会不会得到编辑和读者的关注。而现实也好像在考验他的毅力，他不停地寄出稿件，又不停地接到退稿信。直到有一天，他的一篇文章终于发表了。更令人激动的，是一位编辑对狄更斯的文章相当赞赏，并给他写了一封信鼓励狄更斯坚持写作。

得到赞美与肯定的狄更斯受到了空前的鼓舞，也让自己成为作家的梦想得到了小小的满足。从此，他开始在文坛上勤勤恳恳地耕耘，直到去世。

读完这个故事，我们应该感激这位编辑，正是他的激励和赞赏使狄更斯产生了巨大的优越感及满足感。如果没有这位编辑的赞赏，可能今天我们就不能看到爱情至上的《双城记》，充满励志色彩的《雾都孤儿》，还有令我们啼笑皆非的《匹克威克外传》了。同时，我们也相信，即使狄更斯没有和这位编辑立即结成很好的朋友，但他也一定会一生铭记这位编辑对自己的知遇之情。

我国著名教育家陶行知看到一个学生用泥块砸同学，便怒不可遏，训斥了那个学生，并责令他放学后到校长室找自己。

放学后，那名学生怯生生来到了校长室门口，他觉得，等待自己的一定是非常严厉的批评。让他意外的是，陶行知却并没有责骂他，而是和蔼地笑了笑，掏出一块糖递给他，说："这是给你的奖励，因为你按时到了这里。"那名学生惊呆了，没想到自己居然受到了奖励。接下来发生的事情让他更加惊讶，校长又掏出一块糖递给他，说："这也是奖给你的，因为你很听我的话，当我不让你再打人时，你就立即住手了。"

这时候，陶行知又递给他第三块糖，说："我问过你的同学们了，你之所以用泥块砸那些男生，是因为他们欺负女生。你能这么做，说明你很善良，很勇敢。"

这时候，这名学生感动地哭了，他说：“陶校长你骂我吧！我错了，我不该用泥块砸自己的同学！”

陶行知点了点头，笑着说：“你认识到了自己的错误，这也值得我奖励你。”说着，他掏出第四块糖放在这个学生手里，“知错能改就好，我的糖发完了，我们的谈话刚好也结束了，很高兴和你谈话！”

陶行知一直在奖励和赞美这个学生，这个学生却深刻认识到了自己的错误，想必他也会真心改过，这样的教育方式，比批评更有效果。

赞美的力量由此可见一斑。所以，我们无论在建立人际关系或维护人际关系的过程中，都一定要恰当地使用赞美这个武器。下面就来教大家几个赞美他人的小窍门。

1. 赞美一定要真诚得体

这是进行赞美的首要条件。赞美他人时，一定要有一份诚挚的心，还要有一份认真的态度。只有如此，送出的赞美才不是空中楼阁，才不会被他人认为是敷衍了事。

比如，要对一位男性朋友进行赞美。如果他长得玉树临风，可以夸他帅气；如果他相貌并不出众，可以赞他有个性；如果他的个性也并不出众，可以说他有气质；如果他气质全无，可以讲他很善良。

与他人初次见面时，如果能说出恰当的赞美对方的话，对方就会对我们产生强烈的好感。

2. 要把握赞美对象的特点

龙生九子，各不相同。同样，我们要赞美的对象也是千差万别的。怎样才能做到恰到好处地赞美呢？怎样才能让他们心甘情愿地接受我们的赞美呢？这就需要我们把握赞美对象的特点，及时调整自己赞美他人的方式。

拿破仑是举世闻名的英雄，他最讨厌的就是别人当面恭维他。凡是当面恭维他的人，都会被他严厉地批评。一时间谁也不敢轻易赞美这位拥有赫赫战功的将军。有一天，拿破仑去巡视营地。一位参谋和颜悦色地站在营地门口迎接他。看到满面笑意的参谋，拿破仑以为他又要重复他人说过的恭维话，就皱了皱眉。这时，参谋开口说话了："将军，欢迎您。远道而来辛苦了！听说您严禁别人当众赞美您，您的做法真是太明智了。"听过参谋的话之后，拿破仑的嘴角露出了一丝微笑。

其实，参谋的话才是最高明的赞美。为什么他会这样说呢？因为他事先已经了解到拿破仑并不喜欢别人当众恭维他，如果自己明知故犯一定会受到严厉的痛斥。所以，参谋换了一种赞美的方式。他并没有直接夸奖拿破仑有多么英明神武，而是称赞了他不慕虚荣的品格。这就使他与拿破仑在认识上达成了一致。因此，拿破仑将他的赞美收入囊中。

生活中确实有一些人并不喜欢他人正面赞美自己。他们以为如果有人正面地赞美自己，就是要从自己这里获取一定的利益。他们对此拒不接受，就像拿破仑一样。这时，我们需要做的是转换思路。

3. 要善于寻找赞美对象的闪光点和与众不同之处

每个人在自己的成长过程中都会有许多值得自豪的事情。如果你能够针对这些情况进行恰当的评价，那么被赞美的人心里就会非常舒服。你专注的态度会让他觉得你有分享他的光荣和快乐的愿望。他与你之间的距离就会在不知不觉间被缩小。另外，还要注意挖掘被赞美者的与众不同之处。通常情况下，人们对于大同小异的赞美并不感冒，因为他们听得太多了。这时如果能从他所被人忽视的优点出发，就会收到意想不到的效果。

实践证明，赞美是一件有力的说服武器。人人都爱听好听的话，当人们沉浸在这些美言中时，对他人的防范意识就会放松。这时，只要我们把赞美"双击"，让他们在收获一次赞美而意犹未尽时再度得到赞美，他们就会情不自禁地拥抱我们，并渴望成为我们的朋友。

投其所好赢得对方的好感

日常生活中，每个人都有自己的爱好和感兴趣的事，也都有自己擅长的事情，如：琴、棋、书、画或养花种草。爱好是一个人的乐趣所在，就是通常意义上人们说的快乐。一般情况下，为了获得这种快乐，人们都会愿意付出人力、物力和财力，甚至是情感的投入。如果能投其所好，就会与其成为朋友；相反，若冲撞他的爱好，轻则讨人嫌，重则让对方怒气冲天。尊重别人的爱好，可以赢得别人的喜欢。因此，在管理人际关系的过程中，要学会投其所好，并且要对对方的爱好有一定的了解，这才会为我们架起成功沟通的桥梁。

刘新是一位冰块制作商，却一直苦于无法打通关节让某家大饭店订购冰块。三年来，他采取各种方式想要接近这家大饭店的采购部经理吴先生，或是正面拜访，或是旁敲侧击，都没有奏效。他每周二必去拜访吴先生一次，经常参加吴先生所举行的会议，有时候还以客人的身份住进大饭店，但吴先生丝毫不为所动，依然没有订购他冰块的意向。

刘新下定决心，一定要让这家饭店订购自己的冰块。他改变策略，开始打听吴先生的兴趣爱好。不久，他发现这位经理对当地饭店协会的事很热心，是该协会的会员，还担任该协会的会长。得知这个情况后，刘新开始尽可能多地了解这个协会的活动信息。

后来，当再去拜访吴先生时，刘新就以饭店协会为话题，果然引起了他的兴趣。整整一个小时的时间里，吴先生一直在和刘新交谈关于协会的事，而在谈话过程中，刘新丝毫没有提到冰块的事。

几天后，饭店的人把电话打到刘新公司的采购部门，要求给他们一份冰块的订购单和价格表。就这样，这笔原来看似无比艰难的大买卖终于做成了。

刘新通过深入了解，掌握了“贵人”的兴趣所在，在与饭店经理闲聊其感兴趣的事情的过程中，使饭店经理的态度大为改观。这就是投其所好的绝妙之处。

演员姜昆有一次到地方演出。早在他到之前的很多天就有许多媒体得到了消息，大家都很兴奋。因此，姜昆刚到达目的地，多位记者就赶来采访，一想到那些记者要提问的问题，姜昆顿感无聊。于是，那些闻讯赶来的记者们都被他婉言拒绝了。

奇怪的是，在如此众多的记者中，有一位姓李的记者最后得到了采访机会，只因为他敲开姜昆的门后说了几句话：“姜昆老师，我是一个相声迷，我对您的节目有些意见……”听到这里，姜昆顿时来了精神，便热情地接待了他。接下来，两人就开始探讨起相声，谈话中两人聊得很投机。最重要的是，这位记者在谈话的过程中，将自己要采访的问题插了进去，自然也就轻松地得到自己想要的采访内容。这位记者正是借着姜昆的兴趣巧妙地打开了姜昆的话匣子，最终顺利地完成了采访任务。

在这个例子中，那么多的记者前来采访都没有成功，然而，有一名记者却意外地被姜昆接待。其成功的原因是那名记者谈到了姜昆喜好的话题，吸引了他的注意力，并在交谈中拉近了彼此间的距离，得到了想要提的问题的答案。

无数实践证明，社交活动中，共同的兴趣与爱好可以促进交往的双方相互接近，在心理上诱发出一种特定的吸引力，缩短双方的心理距离，还可以引起情感上的共鸣，有利于人际关系的建立。那么，如何才能做到投其所好呢？通常情况下，需要我们要做到以下几点：

1. 积极搜集对方的相关信息

通过向对方的亲友、同事、熟人等打听，了解对方的兴趣、爱好、身份地位、风俗等背景信息。这样，我们在与对方交往时，无论是待人接物还是谈话，都能做到心中有数。当然，有时候信息不一定能事先收集到，需要我们做个有心人，自己去发现。

2. 多谈与对方有关的话题

在人们眼中，最重要的事往往是与自己有关的事。大多数人一谈到自己，便会兴致勃勃，甚至激情四射。此时，如果我们能专注倾听，就会被对方当作知己。因此，在与对方谈话时，多谈与对方有关的事，少说和自己有关的事，这样会增加对方的满足感，而我们在对方心中的地位也会大大提高。

3. 从对方“在行”的话题谈起

常言道，三句话不离本行。人们都喜欢谈论自己在行的话题，因此，与人交流时，要想接近对方，可以从对方最精通的话题谈起，常常能够激发他的谈话兴趣，唤起他的成就感，让他觉得与你有共同语言，有“酒逢知己千杯少”的感觉，交谈就会有好的结局。

4. 谈论或帮助对方关心的人

每个人都有亲人、友人、爱人。谈话或者做事时，如果谈到他们或是做一些对他们有益的事，对方也会对我们表示出极大的好感。

5. 把握对方的情绪

与人交往时，要根据情况顺从对方的情绪。例如，在对方生气、伤心或快乐时，尽量不要说与他情绪相左的话，而要试着去理解、接纳他的情绪，与他同喜同悲。这样，才能让他觉得我们是理解他的，从而增加对我们的好感。

总之，在人际交往中，我们要多了解交往对象的信息，关注他们的喜好，以便适时迎合。要知道，很多时候投其所好的讨巧术，远比按部就班、一点一滴地积累感情更有效、更快捷。

听出对方的言外之意

每个人由于性格、环境的不同，在表达自己的观点和情感时会采取不同的方式。特别是那些性格内向、内敛含蓄的人，在表达自己的意愿时往往都比较委婉隐晦。在维护人际关系的过程中，对于这类人，我们不能单纯从表面理解和判断说话者的意思，而是学会聆听言外之意，享受曲径通幽之美。

讲话者说话委婉含蓄、不能够直接表达其意思主要存在以下几种情况：

第一，这是一种习惯的表达方式，属于在含蓄中追求涵养之人，这主要是由自己的性格决定的，特别是性格内敛含蓄的人。

第二，由于自己的立场或环境限制，不能直言，只能闪烁其词，让对方去猜测。比如在我们经常看到的间谍剧里面，主人公的对话有时候总是那样的隐秘。

第三，为了避免太尴尬，通过言外之意，来嘲讽和批评对方。比如在大庭广众之下，对方对自己有所侵犯的时候，如果反驳得过于直接可能会影响当时的谈话气氛，所以采用这种方法来反驳对方的观点。

只要倾听者能够用心倾听，善于观察说话者的性格和当时的具体情况，洞察说话者的真实意图，就能挖掘出言外之意的真实用意。

小涵是一家建材公司的市场部经理，她经常告诫下属作为销售员不仅要能说会道，还要善于倾听，特别是顾客暗含的言外之意。因为自己曾经有过一个深刻的教训，就是因为没有察觉客户的言外之意而错失机会。

一次，小涵拜访了一个客户，经过双方商议，最后，客户同意在小涵的公司订购一部分钢材，由于双方都是熟人介绍的，就没有签订相关合同。

在客户所需要的钢材已经生产完一半时，小涵打电话要求对方先付一半的定金，但是客户却说，自己现在资金周转不开，等过一段时间再说。

小涵没办法，只好再等等，并且还催促另一半钢材的生产要加快进度。

这样过了半个月后，小涵再次催促对方付款，客户还是用资金不足作为理由搪塞，小涵没办法，只好亲自上门去索要定金。

然而，客户态度非常不友好地说自己不要了，已经在其他商家那里订购了价格比他们公司低很多的钢材。

小涵很生气地质问对方："为什么一开始不明确表态自己不要呢?"

客户说道："我已经给你暗示过了，我不是已经告诉你说我最近在看钢材市场的价格，有许多家比你家的要低吗?"

小涵这才想起，第一次打电话，客户确实说过，但自己以为客户只是说说而已，没有放在心上，看来是自己理解错了客户的言外之意。

小涵从这次经历中，深刻地体会到倾听客户话语的重要性，尤其要时刻留意客户的言外之意。

小涵一心想促成销售的成功，却没有认真地领会客户所说价格的意思，最后受损失的只能是自己或者公司。所以，能从客户的谈话中理解他是否想要成交，这就需要销售员学会倾听言外之意，并能把握时机，达成销售。

只有学会倾听他人的言外之意，从对方的谈话中提取可靠的信息，挖掘话语背后的真实意思，才能和他人达到心领神会的境界。这样别人才会愿意接近你，从而与你进行思想和感情上的交流，并建立友好的人际交往关系。

一次，吴强去拜访自己的一个老朋友陈勇，由于事先没有和对方预约，当他到达朋友家时，陈勇刚好要出门。

对于多年未见的老朋友突然拜访，陈勇很热情地招待了他。

他们谈得很开心，诉说着各自的经历和变化，不知不觉中，交谈了一个多小时。

由于下午陈勇还有一个很重要的会议要召开，他不得不提前离开家。

于是，陈勇委婉含蓄地说："我本来要去参加公司一个很重要的会议，但对于多年未见的老朋友，我岂敢弃之不顾。所以，我特意把会议推迟到下午三点钟，用这段时间和你叙叙旧。"

吴强一看表，只剩不到20分钟就要三点了，便说自己还要拜访另外一个朋友，婉言告辞。

就这样，陈勇在三点之前准时赶到会场，参加了会议。

如果当时吴强不能够领会到陈勇的言外之意，接下来陈勇要么直言相告，这无疑会让多年不见的老朋友变得尴尬；要么就不去参加下午的会议，这必将耽误自己的工作，影响以后事业的发展。所以，唯有理解对方的言外之意，才能够化解双方不必要的尴尬。

倾听对方的言外之意需要把握一定的技巧，一个人在表达的过程中他的语调、音调、口气等一般都比较固定，而一旦做了调整之后，就增添了新的信息与言外之意，基于不同的心理，表达的方法有很多。

1. 比喻法

一个老父亲对30岁还没有出嫁的女儿说："你可不是皇帝的女儿

哦！”意在告诉女儿赶快找一个男朋友。

2. 暗示法

一个买豆浆的顾客看到营业员给他的半杯豆浆，笑着说：“您的这个杯子太大了，下次请换个小一点儿的吧。”意在告诉对方豆浆装得太少了。

3. 烘托法

一位顾客去一个饭店吃面条，由于饭量大，碗里的面条不够吃，于是就对老板说：“如果你碗里面再多加点面条，生意一定会更好的。”老板则说：“这个没有问题，只是价格要多两元钱而已。”这位顾客听了也就不再说什么了。

类似这样言外之意的说话技巧有很多，我们的目的就是能够通过对方说话的意境而马上感觉到对方的意思，从而为彼此的沟通做好准备。

忠言更要顺耳

古语云：“良药苦口利于病，忠言逆耳利于行。”尽管劝告的话能够帮助别人认清自己的错误，端正自己的行为，但是还是有很多人不愿意倾听劝告，甚至讨厌劝告。因为忠言逆耳，劝告的话，让人听了心里不舒服，即使你说得对，对方也会觉得难以接受。这是一种遮丑心理，没有人愿意让别人指出自己的错误、自己的糗事，使自己难堪，下不了台。人们不愿意接受劝告的原因，主要在于个人的思想容易受感情支配，即使内心有理性的认识，但仍易受反感情绪的影响而难以听取忠告。

其实这种心理很正常，是一种自我保护的机制。关键是要把它处理好，而不是堵住自己的耳朵，不听任何善意的劝告，使自己在错误的道路上继续走下去。因此，我们在管理人际关系时，既要忠言更要顺耳。

白灵是某文化公司的总经理，她发现女助理在工作中经常出现差错。一天早晨，女助理来向她请示工作，白灵便对她说道：“艾嘉，你今天的妆容真精致，显得整个人十分精神，非常符合你的气质。”艾嘉感到受宠若惊，白灵接着说道：“但是你不能骄傲，我相信你的工作能力也能和你的化妆技术一样棒！”果然，从那以后，艾嘉在工作中很少出错了。白灵的老公见她再也没有抱怨过助理的工作，于是好奇地问她想出了什么方法。白灵说完之后，老公连连称妙，并问她是怎么想出来的。白灵说：“这很简单，你每次去理发店刮胡子的时候，理发师都要先给你涂上肥皂水，目的就是为了刮起来让你不疼。”

每个人都希望得到他人的尊重，即使是在犯错误的情况下，也希望保留自己的尊严，因此，我们在规劝他人时也别忘了这一点。良药未必都要苦口，忠言也不一定非得逆耳。把规劝别人的话讲得动听一些，利己又利人，何乐而不为呢？

唐太宗李世民有次扬言要杀掉敢于触犯龙颜的魏征，长孙皇后听说后十分着急。如果她用逆耳的“忠言”劝说李世民，李世民不仅不容易接受，反而使事情弄得更糟。会说话的长孙皇后取顺耳之言规劝李世民，她说：“自古以来主贤臣直，只有君主贤明，当臣子的才敢直抒胸臆、有话就讲，今魏征敢于直言劝谏，全赖圣上贤明。”李世民闻后龙颜大悦，打消了杀掉魏征的念头。

顺耳总比逆耳中听一些，也有利于忠言的实现。如果一上来就对别人猛下“虎狼之药”，什么话难听，就非跟人家说这些话不可，又怎能起到立竿见影的效果呢？

要想让别人很顺利地接受你的忠告，最好的方法就是把逆耳的忠言变得顺耳。这样就需要你有高超的口才，会说话，说得让对方听起来舒服，对方才会接受你的意见。因此，我们在管理人际关系的过程中，需要提出忠告或规劝时，要注意以下原则。

1. 态度真诚

对人提出忠告，是出于自己的善良和好意，是为了对方好，这才是问题的根本出发点。因此，最重要的是使对方明白你的一番好意，因为这样才能达到你说话的目的。说话时一定要小心谨慎，注意讲话时的态度和方式，一定要谦和诚恳，用语不能激烈，也不必过于委婉，否则会让对方觉得你是在教训他，不仅不同意你的观点，还会和你争吵。如果态度不认真、不诚恳，说得无理无据，一副假惺惺的样子，也会遭人反感。

2. 时机适宜

当我们准备向对方提出忠告的时候，一定要选择适当的场合和时机，这一要素也十分重要。场合不合适，时机不对，会让对方难堪，必然不会起到好的作用。比如，当我们的员工尽了最大努力做事，但是最终仍然没有把事情办好时，这个时候最好先不要抱怨和指责，即使是提出忠告，也得十分谨慎。如果我们这时不合时宜地说“如果不那样就不至这么糟了”之类的话，即使我们指出了问题的要害并且话很在理，但是下属心里也会顿生反感和不满，“你没看见我整天玩命地干活吗？”“凭什么都怪我啊？”“没有功劳也有苦劳啊？”当他们内心充满了委屈和不满的时候，即使我们说什么，他们也不会接受和听从。这样只会加深彼此之间的矛盾和误会，使彼此都不愉快。

如果此时我们能先说几句安慰的话，如“这段时间辛苦你了”、“你已做了最大的努力”、“这件事情的确比较难办”，使对方感受到我们的关心，使心扉向我们打开，这时我们再与员工一起分析失败的原因，最终他们会欣然接受我们的忠告。

另外，提出忠告的场合也是应该十分注意的。一般来说，向人提出忠告时，不能选择人多的地方，人多的地方说别人的不是，会让对方觉得你是故意给他难堪，伤害对方的自尊心，因而拒绝接受。最好是选择幽静的场合，避开局外人，以一对一的形式面谈，彼此开诚布公、真诚交流。

3. 避免对比

提出忠告时，最好不要把对方做的事情与别人做的事情相比较，以别人的长处和优点来比对方的短处和缺点。如若不然，很容易伤害对方的自尊心，让对方感觉到一种侮辱，从而拒绝我们的建议和劝告，甚至冲我们发火。

因此，即使我们是出于好意，是为了别人好，但是在提出忠告时，还是要注意说话的方式方法，把话尽量说得委婉一点、幽默一点、顺耳一点，这样才不至于伤害对方的自尊心。如果我们的话伤害了对方的自尊心，使其产生抵触情绪，那么就算我们说得很对很有理，出于维护自己的面子，他也会和我们据理力争，使我们忠告的效果大打折扣，甚至出现负面效应。所以在提出忠告和批评时，一定要从对方的心理接受方面作为突破口，讲究方式和策略，让忠言变得顺耳，使对方能够听进去并接受。

关心的话，最能温暖人心

关心的话就像冬天的暖阳，照在人的身上，能带来温暖。可见，说一些关心的话在人际交往中非常重要。比如，当别人心情低落时，你在与他交谈过程中，说一些关心的话，可以平复对方的心情，可以缩短对方的痛苦时间。

“魔术之王”塞斯顿先后周游世界共40年，一再创造出各种幻象，令观众如痴如醉、惊奇不已，受到数千万人的欢迎，获得了巨大的成功。

他说这不是因为他的魔术知识高人一筹，他认为关于魔术的书已经有几百种，而且有几十个人知道的魔术同他一样多。但他却有其他人所没有的独到的优点：他在舞台上能够展现自己的个性，有打动观众的独特风格。他是一位表演天才，了解人类的天性，他的每个手势、每种声调、每一次提起眼眉，都是提前演习好了的，而他的每一个动作也都配合得天衣无缝。更为重要的是，塞斯顿真心关心观众的感受，能够为观众付出所有的热情。

有些技艺高超的魔术师认为观众是一群笨蛋，能够被自己骗得团团转。但塞斯顿却完全不那样认为，他每次上台时，都会对自己说："感谢这些人看我的表演，是他们使我过上了舒适的生活。我一定要尽力为他们演出最好的节目。"塞斯顿就是这样一位用关心赢得观众喜爱的艺术家。

有人说："要想自己成为幸福的人，就应当对别人关怀备至、体贴入微、赤诚相见。"著名心理学家阿德勒在《生活的意义》一书中说："对别人漠不关心的人，他的一生困难最多，对别人的损害也最大。所有人类的失败，都是由这些人造成的。"实际上，如果你能够真心实意地关心别人，那么你的生活将顺利很多，别人对你的帮助也将使你大为受益。

有一次，德国著名的霍夫曼将军举行宴会，许多客人受邀而来。

当宴会进行到一半的时候，一个服务员上前给霍夫曼将军倒酒，却因为在无意中与将军对视了一眼，一时紧张，将酒都洒在了将军的头上。

将军是光头，洒到上面的酒流下来，弄得脖子上、衣服上到处都是，看上去非常狼狈。在场的所有人都不禁为这个服务员捏了把冷汗，屏住呼吸，等待着霍夫曼将军的训斥。

出乎意料的是，霍夫曼将军神色轻松地拿出手帕擦了擦脑袋，微笑着对服务员说："小伙子，我这脑袋已经秃了20年了，也曾试过你的这个方法，谢谢你！可我还是得告诉你，根本不管用！头发长不出来。别紧张，请重新给我倒一杯，不过这一次可别为了我的头而努力了。"

霍夫曼将军用幽默的方式说出对服务员关心的话，气氛骤然缓解，所有的人都大笑了起来，那位服务员的表情中少了一分害怕，多了几分敬意。

在生活中，大多数人往往苦叹不知如何消除与陌生人的隔阂，进而使双方熟悉，开始交往。每个人都想博得他人的关心与认可，但是却忽略了对别人的关心与认可，结果也没人关心自己。因为，人与人之间的关系是相互的，你敬我一尺，我就敬你一丈，你不关心别人，别人也不会关心你。

美琳·凯公司是美国乃至全世界都比较有名的化妆品公司，距今约有50年的历史。如今，美琳·凯公司的规模发展得更加庞大，它拥有的员工人数多达20余万，年销售利润非常可观。

一般来说，一个企业的寿命不会超过半个世纪。然而，美林·凯公司走过风风雨雨的半个世纪后，仍然稳稳屹立在竞争激烈的商界中，不能不让人惊叹它长盛不衰的生命力。随着公司的日益闻名，总裁美琳·凯得到了"化妆品皇后"的美称。

美琳·凯之所以能够获得成功，有很多方面的原因，关心员工的成长便是原因之一。

有一位推销员虽然擅长言谈，但因经验不足而在两次大型展销会上都没有卖出商品，感到很不自在。在第三次展销会上，她仅卖出了几十美元的东西，同样让她感到难堪。尽管这样，美琳·凯仍然表扬了她："很好，比前两次强多了！"听了上司诚恳的夸奖后，这位推销员感到异常欣慰。后来，她经过不断努力，最终成为一名推销能手。

要使别人喜欢你或者得到别人的帮助，那么就请从改变自身开始：真诚地关心别人，爱护别人。

所以，我们在管理人际关系时，要多说一些关心对方的话，让对方感觉到你的真诚与友爱。当然，说关心的话时，不要牵强与做作，应当根据当时的实际情况去说。例如，已深秋时节，我们的交流对象还穿着单薄的衣衫，这个时候你说上一句："现在一天比一天冷，身体是我们的本钱，以后外出要多穿点衣服。"对方听到后，心里便暖洋洋的。再如，谈话时我们发现对方有感冒生病的迹象，我们不妨说上一句："回去时，别忘了去药店买些感冒冲剂，提前预防，别因感冒影响正常工作。"这样的话，对方肯定乐意听，并且对我们心存感激。

把话说到对方心坎里

在建立人际关系的过程中，要想真正以口才取胜，必须学会找到倾听者的心里"动情点"，然后以此为突破口遣词造句，把话说到对方心坎里，这样才能让对方认同我们的观点，接受我们的建议，甚至与我们建立良好的人际关系。相反，如果我们说话的时候，根本不考虑倾听者或说话的场合，不仅不能把话说到对方的心坎里，甚至还可能引起不必要的麻烦和误会。

高柏阳去参加一个聚会，正好看到一位有过几面之缘的企业家坐在一旁若有所思地喝闷酒。

高柏阳走过去寒暄了两句，说："既然出来玩儿，就只想开心的事儿，今儿咱哥俩不醉不归。"

企业家举起杯子道："你说得没错，但是一批产品出了纰漏，我怎么开心得起来。”

高柏阳说道：“确实，谁遇见这种事儿都会心烦。”

“这还不算！”企业家接着说，“我公司的首席设计师跳槽到了对手的公司……”

高柏阳听着、附和着，不断为企业家的遭遇感到惋惜和气愤，但是说着说着，企业家反倒情绪好转了一些，他对高柏阳说：“谢谢你，兄弟，今天和你说这么多我心里舒服了很多，别为我担心了，所有的一切都会好起来的，到时候咱们哥俩再坐在一起好好聊聊！”

其实整个交谈过程中，高柏阳并没有为企业家提供什么可靠的建议，他只是付出了一份情感，感受企业家的困难并给予其体谅和尊重。语言的力量有时候是超乎我们想象的，高柏阳把话说到对方的心坎儿上，因此，便获得了对方的好感和信赖。

很久以前，当大家都还没有用上电的时候，一群年轻的姑娘晚上在一起加工针线活，所以大家平分点灯的油钱。可是有一个姑娘家里很穷，根本出不起油钱，她想抓紧时间多干点活挣钱，所以就和大家混在一起。等到大家发现后，经过讨论，决定让她离开这里。穷姑娘请求大家留下她，她说：“我因为给不起油钱，每天总是早早赶到这里来打扫好房间，准备好一切东西，你们来了就可以直接干活了。而我在这里干活的时候，大家不会因为我的到来，而耗费更多油钱，油灯也不会因为要多照顾我一个人而变暗。可见我的到来你们并没有什么损失，相反，我为大家打扫房间，准备东西，你们可以节省更多的时间，这样不是大家都得到好处了吗？为什么就一定要我走呢？”大家听了她的话，想了想，觉得很有道理，最终大家再也没有提过让她离开。

那个年轻的姑娘很会说话，她能够时刻把别人的利益放在首位，然后通过分析，把留下自己对双方都有好处的道理讲清楚。最后，成功地说服她们改变自己的想法，达到自己的目的。

把话说到别人心里，在事情发展不利的时候，可以扭转乾坤，达到预期的目的；话说不到别人心里，即便是好的事情也可能办砸了。那么，如何才能把话说到对方的心坎里呢？不知你是否有过这样的经验，当你向对方诉说他认同的观念、立场、兴趣、爱好或经历时，两人的思想就很容易产生共鸣，就会碰撞出激烈的火花，交流就会很畅通。心理学家指出，这其实就是人的一种相似相惜心理。根据这种心理，在与他人交往时，如果我们能找到对方的“动情点”，就能把话说到对方心坎里，就很容易与对方建立起良好的人际关系。具体来讲，我们可以从以下几个方面入手：

1. 根据别人的潜在心理需求说话

什么样的话才能直达人的心灵，才能说到对方的心坎里呢？这与对方心理的潜在需求有关。试想一下，如果我们说的话与对方的心理需求相吻合，那么对方肯定就很乐于接受。反之，如果我们说的话不符合对方的心理需求，就可能引起对方的排斥心理，甚至引起对方的反感和厌恶。这样看来，要把话说到别人的心坎里，首先要做到的就是要善于揣摩对方的心理，然后根据对方心理的潜在需求说话，这样说话才能达到事半功倍的效果。

2. 根据别人的兴趣和爱好说话

在人际交往的过程中，我们会面对很多不同的人，他们因职业、个性、阅历及文化素养等方面的不同，兴趣和爱好也有所不同。这就需要我们在与之谈话的时候要顾及对方的兴趣和爱好，这样才有可能把话说到对方的心坎里，从而引起共鸣。

3. 根据别人的性格特点说话

想把话说到别人的心坎里，还必须注意其性格特征。我们都知道，每个人都有自己的性格，而且性格各异。我们在与交际对象说话的时候，要先通过一些着装、行为细节，揣摩对方的性格特征，然后根据其性格特征说话，既注意说话内容，又讲究说话方式，这样才能把话说到对方的心坎里，让对方乐于接受。

4. 根据别人的身份和地位说话

我们在说话的时候，还要根据对方的身份和地位说话，这样我们说出来的话对方才乐意听，才有利于继续交流。例如，我们和一个普通的种庄稼的农民说话就不能文绉绉的，遣词造句就应该以“通俗易懂”为最基本的原则，否则就很容易引起对方的反感；相反，如果我们和一个大学教授说话的时候，就应该适当地用一些应景的词语或历史典故，这样才能让对方对我们刮目相看，同时也有利于继续交流。

一分安慰，赢得十分信任

在现实生活中，我们都安慰过别人，也得到过别人的安慰，它是一种最为常见的交际方式。可是我们会发现，有时候的安慰或者有的安慰效果非常地好，能够马上让一个人焕然一新；而有时候的安慰或者有的安慰并不会有很大的效果，其中的原因在哪儿呢？

首先我们来分析一下这两个问题：人为什么需要安慰呢？为什么安慰能够赢得对方的信任甚至是十分的信任呢？

人在遭到失败、挫折、打击的时候往往会心情低落，失去信心，甚至会产生一种自卑感，这时他的心里就会产生一种对知己的需求，以此来减轻心中的压力和不适。这是很多人心中必有的一个需求；在他得到了这样的知己之后，之前心中的压力、不适就会随之消失，心中产生一种痛快感，由此也会激发他对安慰他的知己的信任，甚至是十分的信任。

黛西和丽娜都隶属于公司的销售部。之前，黛西对丽娜一直都有偏见，两人关系一直都不太好。

一次，销售部经理要去跟一个重要的客户谈判，在谈判开始前5分钟，销售部经理发现一份与谈判有关的重要文件没有带，没办法销售经理只能临时发挥了，可最后还是没有取得客户的认可。由于重要的文件没有带，给客户留下了不专业的印象，这场谈判也不欢而散。公司因此损失了100多万美元的订单。

这份文件一直都是由黛西负责的，但在开会之前，另一个主管答应帮黛西检查文件，并保证今天把它带到现场，可最后主管还是忘记了。事情已经发生了，现在做解释没有任何用处。

黛西当然免不了责任，因此受到了公司严厉的批评。黛西觉得特别委屈，这打击了她一直以来工作的自信心和积极性。现在，全公司上下都知道因为她损失了一个大单子，黛西真是百口莫辩啊！

就在这个时候，同在销售部的丽娜对黛西说："黛西，不要委屈了，我相信你。"

黛西简直不敢相信自己的耳朵，是自己听错了吗？丽娜以前一直对自己都是有成见的，没想到丽娜现在过来安慰她。

丽娜很诚恳地说："我知道是主管失职，并不是你，我看到那份文件在他桌子上放着，是他忘了带，不是你的错。"

丽娜的话像是一根救命稻草一样，让黛西觉得非常的激动，原来还是有人理解自己的，这让她重新鼓起了勇气去面对公司的领导和同事。

自从这一次事情之后，黛西对丽娜产生了好感，两人的关系越来越好，丽娜也成为黛西在公司中最值得信赖的朋友。

在黛西心里最难过、最需要得到肯定的时候，丽娜的安慰给了黛西莫大的帮助，同事之间的“心结”就此解开。所以“安慰”成了两人关系的调和剂，由于丽娜的安慰赢得了黛西的信任，因此丽娜与黛西的关系也有了180度的大转变。

其实对于丽娜来说，她做的事情非常简单，她只是向朋友一样进行了简单的安慰，可是她时间点抓得非常的准，是在黛西最为难过的时候送去了自己的安慰，这个安慰送去的早或者晚都会减低其应有的效果。这是赢得对方信任的因素之一。

其次就是安慰的语言，常见的安慰话语有：“我理解你的感受，别难过了”、“这算什么呀，多大的事儿”等，这是一种激励的安慰，而丽娜的安慰是建立在事实的基础之上的，从实际情况出发，这极大地鼓舞了黛西的自信心。所以，安慰需要根据对方所遇到的事情，然后采取不同的方法，这样才能够充分地赢得对方的信任。

小格最近非常烦恼，因为她失恋了，和她相处两年的男友就这样分手了，小格的伤心是溢于言表的。

朋友们看着一个曾经活泼开朗的女孩变得这样消沉下去，也很是为她着急。都希望小格能够回到往日愉快的日子中去，重新开始。

李晓是小格的朋友，这天她来到小格住的屋子，为了能够让小格忘记过去，她开始数落小格的男朋友：“他有什么好的呀，脾气那么坏，还那么粗心，你们根本就不合适，分了正好，你这么为他伤心真是不值。”

谁知小格听到李晓这么说哭得更伤心了。李晓看到自己好心相劝并没能让好朋友开心起来，顿时手足无措。

为了平复小格的情绪，李晓叫来了自己的好朋友王丽，希望王丽能够让自己的朋友开心起来。王丽和小格并不认识，听了李晓叙述的情况后，王丽看着格外伤心的小格说：“相处两年的时间也不算短了，换作我也会很难过的。其实我有一个姐姐，也有和你一样的经历，不过她现在过得很幸福……”

随后，王丽把自己姐姐的事情给小格叙述了一遍，小格不仅不哭了，反而觉得这个自己不认识的人是最了解自己的人，认真与其交谈了起来，好像忽视了自己认识很久的朋友李晓。

“哎！你们太过分了啊！”李晓不高兴地说。

瞬间，三人都开心地笑了。

李晓与王丽对小格的安慰最为不同的就是方式，因此给予小格的心理感受及最后的结果是大不相同的。

李晓的安慰方式只是从表面进行，目的是为了让小格忘却伤痛，可是她不能够把握小格的心理，虽然出发点是好的，但是结果却是适得其反。王丽的成功之处就是她能够站在对方的角度考虑问题，从而充分地了解了对方的心理，感受到对方的需求，所以她采用的安慰方式正好迎合了小格的需求，当然也赢得了小格的好感，才会让小格有遇到知己的感觉。

用一分的安慰赢得对方十分的信任，方式很重要，要选择一个有效的安慰方式就需要了解对方的心理，需要我们站在对方的角度考虑问题，感受对方的需求。

话多不如话少，话少不如话好

在维护人际关系的过程中，我们要学会少说话，因为千言万语也不及一个事实给人们留下的印象深刻。如果想要使我们所说的话令人重视，有一个技巧就是少说话。少说话的人有更多的时间进行思考，因此说出来的话更为精彩。当更有经验的人或者更了解情况的人在座时，我们更应该少说话，如果多说了，就等于自曝已短，同时失去了一个获得知识和经验的机会。

当然，仅仅少说话还是不行的。说得太少有时不能达到交流的目的。试想一下，一个闷罐子怎么会赢得别人的欢迎呢？说得少固然重要，更重要的是要说得好。在日常生活中，我们不但要学会适时地沉默，还要学会优美而文雅的谈吐。少说话固然是美德，但是人处于社会中就不能完全不说。也就是说，我们要做到既说得少，又说得好。在各种不该开口的场合，要做到少说话并适当地缄默。在该说的时候，就要注意所说的内容、意义、措辞、声音和姿势，要注意在什么场合说什么话。无论是探讨学问、接洽生意还是交际应酬、娱乐消遣，我们要尽量使自己说出来的话重点突出、具体而生动。

我国历史上第一次农民大起义是由陈胜、吴广发动的。据《史记》记载，发动这样一次名彪青史的起义，陈胜只讲了短短的几句话："公等遇雨，皆已失期，失期当斩。借第令毋斩，而戍死者固十六七。且壮士不死即已，死即举大名耳。王侯将相宁有种乎！"总共46个字，就把意思说清：大家遇到大雨，现在都已经错过了到达的日期，错过了日期就要被杀死。即使我们去赴命，不被杀，但是守边疆的人中也会死去十之六七。况且现在我们起义也不一定会死，就算死了，我们也名垂青史。难道王公贵族是天生的吗？

就是这样简简单单的几句话，将这么多的人都调动了起来，不得不说陈胜深谙说话之道。

《红楼梦》中贾元春回荣国府省亲，见了久别而又热盼的弟弟贾宝玉，百感交集，自然应有一肚子话要说。然而，曹雪芹笔下的元春并未发表长篇大论的思念之词，而是拉起弟弟的手，只说了一句话："又长高了……"继之泪下如雨。

在这里，元春的话实在说得太少了，但是却使我们更加强烈地感到了她痛苦的内心活动，收到了“以少胜多”的效果。如果元春滔滔不绝地说这说那，即使言辞中有许多善于表达痛苦的成分，但是人们的心灵也不会像“又长高了”四字触动得那么剧烈。因为能够反复陈述痛苦者，其痛苦尚属能抑制的状态，而连陈述痛苦都无法坚持者，其痛苦程度一定远胜于前者。

公司总经理抽空参加了员工的结婚典礼。贺喜的人们发现总经理到场后，情绪一下子都高涨起来，热烈鼓掌欢迎总经理说两句致辞。当时，总经理并没有准备要发言，但是置身于喜庆的环境中又不能让大家扫兴，于是灵机一动，来了个一句话演讲：“我只想说，请新娘放心，因为根据新郎的名字，他一定是一位好丈夫。”

听到总经理的这句话，刚开始大家都有些莫名其妙，但很快就恍然大悟。原来，新郎的名字是“良夫”，不就是好丈夫吗？大家一下子都拍手笑了起来。

但是，有的人却不懂得“贵简”这个道理。古今中外，都不乏“啰唆”的典型。

明朝有个叫茹太素的大臣，给朱元璋写了一份一万多字的奏折，谈的是朝廷应该如何选用人才的问题。朱元璋叫人读给自己听，读了6370个字，还听不出个所以然来。朱元璋气坏了，他立即当着文武百官的面，把茹太素打了一顿。

所以，在与人交谈时，需要将自己的真实意思用尽可能少的话表达出来，但并不是话说得越少越好，因为我们还要考虑到说话的效果。说得太少，表达的意思往往就会不够清晰，我们要做的就是将话说得少而好。那么，在管理人际关系过程中究竟怎样才算是说“好”话呢？对此，不妨从以下几点来努力：

1. 别人受窘时，说一句解围的话

当别人身处窘境，进退两难的时候，及时说上一句话帮他解围，既能让对方觉得宽慰，也能让自己成为一个言之有术、懂得说话的人。

2. 别人沮丧的时候，说一句鼓励的话

当别人因为受到挫折而感到沮丧的时候，说上一句鼓励的话，让他重新找回生活的信心。若能在关键时刻说出这样的话，对方可能会把你这句好话记一辈子，同时也会把你的温暖、你的好记一辈子。

3. 别人疑惑的时候，说一句点醒的话

俗话说“当局者迷，旁观者清”，当别人被某一件事情困惑的时候，作为一个局外人，用一句话去点醒他。点醒的话可以简单说、直白说，但不要忘了把指导的话说得好听，这样对方才更容易接受。这样一来，对方就会真心采纳你的建议和指引。

4. 别人无助时，说上一句支持的话

每个人都有无助的时候，在别人感觉到无助的时候，说上一句话去支持他，就可能会改变他的心情。对于无助的人来说，世上最动听的话莫过于支持他们的话。因此，当别人绝望无助的时候，不要吝啬说句鼓励、支持的话。哪怕是简单的一句“我相信你”，也能给对方莫大的鼓舞。

第三章
从“心”出发：心理素质决定人际关系

良好的心理素质，是我们进行广泛社交活动、使社交技巧得以充分发挥的必要条件。反之，心理状态不佳则会形成某些隔膜和屏障，在一定程度上阻碍我们正常的人际交往。所以，要想拥有广泛的人际关系，就必须走出种种心理误区。

超越自卑，用自信去吸引和打动他人

心理素质是影响我们内在个性魅力的重要因素，有利于和谐人际关系的心态是自信、宽容、诚信、自尊等，其中自信是最重要的一种心理素质。反之，自卑、狭隘的心理会影响个人的魅力和能力。

自卑是一种轻视自己，觉得自己不如人的痛苦体验。有些人容易产生自卑感，甚至瞧不起自己，只知己短不知己长，缺乏应有的自信心，因而无法发挥自己的优势和特长。有自卑感的人，在社会交往中办事无胆量，习惯于随声附和，没有自己的主见。另外，人在不自信的时候，就会觉得所有的事物都对自己构成一种威胁。久而久之，就会越来越封闭自己。

有一位刚刚参加工作的女孩，在学校读书时，她就很自卑，朋友圈子很少，经常一个人独来独往，孤独地活在自己的世界里。

这种性格也为她的工作带来了麻烦。毕业后，几经周折，她终于在一家服装公司找到份总经理助理的工作，主要工作内容就是安排总经理的日常行程，同时负责接待客户。开始上班的前一天，想到自己的工作内容，她就心里打鼓，觉得自己不行，一定做不好，甚至紧张到一夜未睡。第二天一上班，见到总经理，她竟然手抖得不行。

幸好入职前几天总经理没有给她分配特别多的活儿，只是让她多学习，多熟悉业务。一周后的一天，总经理有事儿外出，这时公司一位非常重要的客户到公司所在城市出差，临时决定到这家公司看看他们采购产品的进度。接待任务理所当然地落在了这位女孩的身上。

她十分紧张地将这位她眼中的“大人物”领到公司附近的一家高级餐厅里吃饭。席间，客户和她聊了会儿家常，她磕磕绊绊地回答了几句，后来，客户问到他们产品的情况，这位女孩头皮一阵发麻，因为她对公司的业务只是初步了解，觉得自己口拙，说不好就影响了客户关系，因此只是惊恐地低着头。客户对她的态度忍无可忍，因碍于合作的情面，所以没有中途离席。

后来，客户和总经理提起此事，总经理于是狠狠训了她一顿。她边哭边想，自己真的是做不好这份工作啊。

这位女孩其实就是自卑心理在作怪，过度自卑的人往往不能客观地看待自己，很容易自我否定。他们还要极力回避刺激，不愿与人交往，不愿承受压力，心理上消极退缩，倾向于自欺欺人。自卑心理过度的人，容易与社会隔离，不爱接触新生事物，对自己的未来和社会充满恐惧，因此会习惯于自我的狭小天地，坐井观天，视野狭隘，看不到任何进步的可能，也感受不到任何成长的喜悦，渐渐麻木于得过且过，任人生希望的火烛熄灭，当然也就更谈不上拥有温暖而和谐的人际关系了。

也许很多孤独自闭的人都会有这种感受：我们没有朋友，没有人来看望我们，没有人关心我们。我们就像一块冰激凌，不敢和外界接触，怕一见光自己就化掉。在孤独中，我们只能整天在自己的屋子里，一双苍白的手绝望地抚着玻璃，心里呐喊着：救救我！

因此，与人交往时，如果我们发现自己有这方面的交往障碍，一定要想办法做好自我调节工作，下面就为大家介绍一些超越自卑，建立自信的方法：就是不要等着别人去拯救我们，要学会自救。

以下是人际关系学家提供给自卑者的自救方法，它能够让自卑者在交际场合中迅速摆脱自卑，提升自信。

1. 昂首挺胸，快步行走

许多心理学家认为，人们行走的姿势、步伐与其心理状态有一定关系。倘若仔细观察就会发现，身体的动作是心灵活动的结果。那些遭受打击、被排斥的人，走路都拖拖拉拉，缺乏自信。反过来，通过改变行走的姿势与速度，就有助于心境的调整。因此，将走路速度加快，使步伐变得轻快敏捷，身姿昂首挺胸，就会心境明朗，使自卑逃遁，自信滋生。

2. 睁大眼睛，正视别人

眼睛是心灵的窗口，一个人的眼神可以折射出性格，传递出微妙的信息。不敢正视别人，意味着自卑、胆怯、恐惧；躲避别人的眼神，则折射出阴暗、不坦荡心态。因此，正视别人，是积极心态的反映，是自信的象征，更是个人魅力的展示。

3. 多看自己的优点

很多人都有一种“红眼病”心理，认为什么都是人家的好，似乎连同样的饭盛在别人碗里都比自己的香，其实这种心理最要不得。要知道，我们每个人都是造物主最独一无二的创造，都是这个世界上最独特的个体，我们有自己的魅力和优点，正如我们所羡慕的人也有他们的缺点一样。因此，我们要多赞美自己的优点，每天出门前，最好能站在镜子前，大声地告诉自己：“看，镜子里的这个人多棒！他善良、待人真诚，他值得拥有一切，包括朋友。”接下来的一天里，不断提醒自己“我很棒”“我值得做他人的朋友”，并积极地与他人接触，试着保持对每个人微笑，这样，我们传达给大家的就是积极的交往信号，自然会得到大家积极的响应。

4. 当众发言，提升自我

在我们周围，有很多思路敏锐、天资颇高的人无法发挥他们的长处参与讨论。这并不是他们不想参与，而是缺乏信心。从积极的角度来看，如果尽量发言，就会增加信心。不论是参加什么性质的会议，每次都要主动发言。通过这种锻炼，许多原本木讷或口吃的人，都变得自信起来，如萧伯纳、田中角荣、德谟斯梯尼等。因此，当众发言是信心的“维他命”。

5. 拒绝自恋

在与他人交往中，我们学会了“肯定自我”和“保持自我”之后，我们还要学会拒绝自恋，因为自恋就是自卑的一种变体，同样是一种自我保护机制，会让我们以自我为中心，我行我素，从而失去朋友，离群索居。那么如何克服自恋心理呢？自卑和自恋其实都是对自我认知产生的偏差，因此自恋的人应该重新定位自己，认清自己的优势，也要看清自己的缺点。同时，要摆脱自恋，就要走出以自我为中心的人生观，试着去欣赏他人，去付出，去帮助他人，并渐渐在付出爱、收获爱的过程中享受与人交往的温暖。只要敞开胸怀，让他人走进来，相信你终会走出自恋的误区。

每个人都是上帝咬过的苹果，人人都有缺点，也都有光鲜的一面。我们多看看自己光鲜的一面，不要为了迎合他人而否定自己，将自己活成一个阳光的、积极的、正直的，真正值得他人与我们相交的人，那么，我们就等着他人主动向你靠拢吧。

告别悲观情绪，做真正的自己

悲观的人很难拥有良好的人际关系，因为在他们眼中，世界是灰色的，他们对身边的一切都会产生一种不安的错觉。在心理学上，悲观是人对自我言行不满而产生的一种不安情绪，是一种心理上的自我指责、自我的不安全感和对未来害怕的多种心理活动的混合物。在现实生活中，我们每个人都可能产生悲观心理，只是悲观的程度不同罢了。一定限度内的悲观是正常的，可是如果一个人过于悲观，就属于心理问题了。

有悲观心理的人会长时间地感到悲伤和忧愁，经常唉声叹气、焦虑不安；总是感觉生活不如意，对任何事情都没有兴趣；看见别人开心自己反而觉得更难过，并且还有很严重的自卑感；情况严重的，甚至会对生活失去信心。

三国时期，汉献帝刘协被曹操“挟天子以令诸侯”迎奉到许昌之后，整个人就开始逐渐被悲观情绪所笼罩。

公元196年，汉献帝刘协成为曹操号令诸侯的傀儡，曹操病死之后，刘协被迫让位于曹丕，最终病死。

曹操专权前，汉朝虽然气数渐衰，但仍然有王允、袁绍、黄琬、仆射士孙瑞等大批忠君爱汉之人，如果刘协能够振作起来，也不至于被曹操软禁。然而由于刘协是个非常悲观的人，他始终认为汉朝气数已尽，自己只不过是一个傀儡而已，再怎么努力也无力回天了。这个心理使得刘协先后被董卓和曹操囚禁。

虽然他也曾不满曹操大权独揽，不甘心作为傀儡，暗下衣带诏，令董贵人的父亲车骑将军董承设法诛杀曹操。但仅仅一次失败就让刘协感到心灰意冷，再度陷入悲观的情绪中。

其实，刘协想要杀曹操并不是那么困难。毕竟那个时候，有很多将领都是大汉的忠臣。在曹操出去征战时，他还是有机会的。但刘协却没有再对曹操下手，因为他觉得，杀死了曹操，又会站出另外一个人来将他软禁起来，他已经放弃了自己的人生，所以他也就这样安于天命了。

比起刘协，他的“皇叔”刘备不过是个卖鞋的，却能通过自己的奋斗在乱世中博得一席之地，并最终三分天下有其一。而刘协尽管是傀儡，但毕竟生于王室。如果他能够摆脱这种悲观的情绪，努力地重新燃起希望之火，他还是有机会重新夺回大汉王朝的控制权。

历史上，康熙在刚上任时也遭遇了类似这样的问题，但康熙并没有向命运妥协，并没有产生悲观的心理，所以他最后能够杀鳌拜、平三藩，成为一代明君。但刘协却因为自己的悲观懦弱，将自己祖先辛苦打下的江山拱手让给了曹氏子孙，自己最后也忧郁而死。

其实现实生活中像刘协这样悲观的人很多，他们不甘心现状，不满足于现状，却终日只会长吁短叹，抱怨命运的不公。

所以说，悲观的心态会让一个人失去动力，悲观会带给人们非常大的消极情绪，受这种消极情绪的左右，人们在做起事来也会显得有气无力，很难达到应有的效果。

高中快毕业的时候，布朗遭遇到了巨大的变故，他的左眼失去了光明，这对一个正处于人生最好阶段的青年来说，无疑是致命的打击。那个时候，布朗变得越来越悲观，不管是谁的劝解和开导，都没有什么效果，布朗觉得自己的人生完全变成了黑色，被上帝彻底地抛弃了。

布朗的哥哥约翰知道布朗的遭遇后，从大学赶回家里。有一天，他欢天喜地地找到在屋子中发呆的布朗，塞给他一把手枪和6发子弹。布朗看到手枪之后感到非常吃惊，小心翼翼地抚摸着手枪，问约翰道：“这是一把能真开火的枪吗?”约翰拍着弟弟的头说：“当然，我们一块到外面进行实弹射击，尽情地玩个痛快吧!”布朗犹豫了片刻，最终和哥哥一起出门了。

他们来到屋子后面的小山上，约翰把射击的目标设定为20米开外的一棵大橄榄树。约翰率先举起了手枪，眯起左眼瞄准，连开三枪，结果一枪都没有射中，只好把手枪交给了布朗。布朗举起了枪，连射两发，和约翰一样，没有射中橄榄树，这让他觉得非常沮丧。一边的约翰安慰他说：“别泄气，枪里面还有一发子弹，你还有一次机会呢！”这一次，布朗屏住了呼吸，凝神对准目标，果然射中了橄榄树树干。

约翰欢呼起来，伸出双臂抱住了弟弟，兴奋地说：“刚刚射击的时候，我努力地眯紧自己的左眼，但是非常吃力，不管怎么使劲都集中不了精神。你比我有优势，因为上帝替你蒙上了左眼，你可以心无旁骛地专心瞄准目标！”约翰假装无心所说的这些话，深深地打动了布朗的心，他开始觉得人生也许没有那么糟糕了。不久之后，布朗又回到了学校，继续自己的求学生涯。

在以后的人生中，布朗每次遭遇挫折都能及时调整自己的情绪，并善于从积极的角度看待问题，让原本悲观的心情得以释放，继而生成正能量，激励自己不断向前。正是因为这种能力，使得布朗46岁那年，当上了英国历史上任期时间最长的财政大臣，后来他接任布莱尔成了英国首相！

从布朗身上，我们可以看出，当一个人学会控制自己的情绪时，悲观就会远离你。记得尼采曾说过：“失败的人是没有悲观的权利的。”最初觉得这句话太没人情味，后来细一想也是，失败的人更应该想办法怎样走出困境，获得成功。

那么，我们在建立人际关系过程中，怎样才能消除悲观情绪，让自己经常保持乐观呢？

1. 改变看问题的角度，变悲观为乐观

同样面对失败，悲观者和乐观者的看法完全不一样。悲观者认为自己的失败是永恒的，而乐观者认为自己的失败是暂时的，只要自己吸取教训，继续努力，下次就可以取得成功；悲观者常常把失败全部归为个人的原因，而乐观者认为失败固然有个人的原因，但也不能排除运气因素和其他一些无法抗拒的因素，所以失败并不能完全说明自己的能力不如成功的人。用悲观心理看世界，看到的永远是灰色的天空；用乐观心理看世界，看到的永远是明媚的阳光。有时候，只要我们变换一下看问题的角度，心情就会获得轻松和愉快。

2. 用笑声来改变悲观心理

当我们心里难过的时候，尝试让自己放声大笑，笑过之后，我们就会发现悲伤缓解了好多，心情也变得轻松而愉快。让自己发笑的方式有很多种，我们可以看一些喜剧电影，读一些幽默故事，和一些性格开朗、喜欢开玩笑的朋友聊天等，这都能帮助我们开心地笑起来。其实，笑声真的可以用来治疗疾病，尤其是一些“心病”，比如悲观心理等。

3. 多和乐观的人接触

乐观是可以传染的，如果我们身边的人是乐观的，那么我们的心情也会变好，悲观就会离我们远去。所以，在平时生活中，要多和那些乐观向上的人来往，观察他们的言行举止，学习他们的乐观态度，使乐观的火种慢慢地在我们的心里点燃，我们也会逐渐成为一个积极乐观的人。

猜疑没了，人际关系就顺畅了

猜疑是一种心理疾病，是维护和建立和谐人际关系的最大“杀手”之一。一个心怀猜疑的人，总会用怀疑的眼光看待周围的人或事物，即便他人出于好意，而在猜疑者看来也是别有用心的表现。这样的人只相信自己，不会轻易相信他人，长此以往，把自己的人际关系弄得一塌糊涂，落得个“孤家寡人”的地步，最终被社会无情抛弃。

从前，有一个人的斧子丢了，于是他就怀疑是邻居家的孩子偷的。接下来的几天，他看这孩子的表情，觉得像偷斧头的贼，听他说的话，也觉得像个贼，后来看他的一举一动，都觉得就是偷自己斧头的那个人。直到几天后，他偶然间发现了自己的斧子，后来再看邻居的孩子时，却发现他的言行举止一点都不像小偷了。

邻居的儿子的神态举止一直都没有变化，为什么丢斧头的人看了之后，会有不同的判断呢？这就是疑心在起作用，当他怀疑邻居家的儿子偷了斧头的时候，不管邻居儿子做什么，都会觉得是偷了斧头的表现，而疑心解除后，不管邻居儿子做什么都成了自然的了。

有一对情侣，最初相识时，男才女貌，被人们称作“天生一对”。在很长一段时间里，两人相处得十分融洽，爱情甜蜜，互敬互爱。后来，男友升任为部门经理，业务逐渐增多，整天忙于工作。他十分热爱自己的工作，而且现在有了“用武之地”，就更加努力了，而且他也想通过努力来给未来的妻子创造一个更好的家。

女友起初看着他升职加薪了，十分满意。但没过多久，她就觉得有点不对劲了。她疑心男友没那么忙，只是借工作之便与其他女人幽会。她开始用风言风语中伤男友，并且时刻监视着男友的行动。男友感到莫名其妙，忍让一阵之后便对她进行“反击”。

和谐的局面被打破了，两个人经常为鸡毛蒜皮的小事吵吵闹闹，矛盾愈演愈烈，直至最后分手。这时，两人各自才明白，其实彼此都深爱着对方，只是莫名其妙的伤害太深而无法愈合了。

不仅是恋人之间，任何人之间都需要信任。信任是人与人之间最宝贵的品质，而猜疑是朋友之间最大的敌人。猜疑一个朋友，会让一个人失去更多的朋友。猜疑不仅会令人失去朋友，还是害人害己的祸根。猜疑会让一个人神经过敏，对他人的一言一行产生过激的反应。

明朝开国皇帝朱元璋是一个疑心非常重的人，经常胡乱剖析或者错误地理解字词，并以此来判定下属是否忠诚。

有一次，朱元璋邀请一位和尚朋友进宫喝酒。这个和尚非常感激，他觉得朱元璋很重情义，当了皇帝之后还没有把自己这个旧相识忘掉。酒过三巡之后，这个和尚写了一首诗赞美朱元璋。诗写好后，他把诗交到朱元璋手中。和尚本以为自己写得不错，朱元璋看过一定会非常开心。朱元璋刚开始看的时候，连连点头，可是，脸色马上就变了，他一下子把诗扔到地上，下令把和尚处死。

和尚愣住了，在场的大臣们也一头雾水，但是大家都不敢忤逆朱元璋的意思，马上抓住了和尚。原来，朱元璋看到诗里有一句：“金盘合苏来殊域。”这“殊”字，拆开之后为“歹”和“朱”。朱元璋认为，和尚这是在骂他，认为他是歹徒。和尚大呼冤枉，他根本没有冒犯朱元璋的意思，何况他也绝不敢攻击皇帝啊！但是，朱元璋完全不相信他的辩解，最终仍旧杀了和尚。

君王如果多疑，臣子们就不敢多说话，不敢与君王亲近。这样的话，君王也就成了孤家寡人。平常人也是一样，如果你猜疑心重，终日疑神疑鬼，遇到事情便捕风捉影，往自己身上联系，别人就不愿意与你打交道。那么，我们在管理人际关系的过程中，该如何有效地控制猜疑心理呢？

1. 学会信任他人

你要在心里培养信任他人的土壤，虽然这个世界的人为名为利，彼此欺骗的现象屡有发生，但毕竟还有可以与自己守望相助，扶持向前的同路人，我们要学会信任他们。

在美国，有个富翁的儿子爬到一面墙上想往下跳，让这位富翁爸爸张开双臂在下面接住他。可是，当儿子跳下去的瞬间，这个富翁却闪身躲开了。儿子摔在地上，一面哭一面困惑地看着父亲，不知道他为什么要这样做。这时富翁跟他的儿子说：我让你跌一跤是为了让你学到一课——这个世界上就连父亲有时也未必信得过，何况其他陌生人。

还有一位父亲也跟儿子在户外玩，儿子爬到墙上想往下跳，父亲说会在下面接住他，儿子听过前面的故事，他怕自己的父亲也像富翁一样，所以一直很犹豫。但是父亲一直催促他。终于，儿子咬咬牙，闭上眼睛跳了下去！他早已做好了摔下来的准备，最后他却躺在了父亲温暖的怀里！父亲亲切地对他说："我想让你知道——连陌生人有时你也可以相信，何况是你的父亲。"

第一个父亲的教育是可怕的，也是失败的，我们可以预见他培养的孩子一定是多疑的、孤僻的，当然也不会体会到人与人之间和谐相处的温暖。而第二个孩子有可能会受骗，但他也一定因为自己的阳光性格而交到许多朋友。总之，相信他人不会让我们失去更多，但一定会给我们带来更多无形的财富。这些财富不仅仅埋在我们心里，而且会在我们人生路上的某个角落，成为我们发展的助力。

同时，我们也要学会择人而交。管理学上有句话叫"疑人不用，用人不疑"，同样适用交友的领域。假如你想和一个人深入交往，就要先看清对方的本质，他值不值得你为之付出感情，如果不值得，那马上与其保持距离，表面上过得去就行。如果你认为他人品好，重义气，是个可靠的朋友，那就怀着真诚的心与他继续交往下去，这就是"疑人不交，交人不疑"。

2. 警惕谣言的杀伤力

我们的猜疑之火常常会在一些谣言的煽动下，越烧越旺，此时最好找到猜疑的对象，开诚布公地谈一谈。当然，前提是，你觉得这个人值得你去开诚布公，否则如果是那些卑劣的小人，很可能制造出更多的骗局来。

英国哲学家培根曾说：“猜疑之心犹如蝙蝠，它总是在黑暗中起飞。这种心情是害人的，又是乱人心志的。它能使你陷入迷茫，混淆敌友，从而破坏人的事业。”确实，猜疑犹如人际关系中的一枚毒刺，如果不能及时拔出，早晚有一天，它会侵害到我们的骨髓，破坏一段本来值得我们去经营的关系。

唯有行动起来，才能战胜害羞心理

一个害羞心很强的人，身边一定缺少朋友，人际关系也一定不好。其实，害羞就像人类天生的基因，或多或少在每个人的身上都有存留。我们先来听听一个异常害羞的人的独白：

“记得我在读小学之前，喜欢一个人待着。家里住在草原上，所以我就追着风，奔跑在一望无际的绿色中。我特别害怕家里来客人，如果哪次我没来得及跑出去，就得想各种办法躲避这些看望我们的人。他们都是我的亲人，我的叔叔、婶婶、堂弟等，但我会藏在衣柜里、床底下，以及一切他们找不到的地方。说实话，我很害怕见到他们。后来渐渐长大，我的情况也越来越糟。”

的确，每个人都有害羞心理，只是有些人隐藏得更好，不易被觉察；有些人表现得更突出，从而影响到他们正常的人际关系罢了。害羞的人一般自我认同感比较低，他们会避免出现在任何一个让自己感到困窘的场合，这就使得他进一步从人群中孤立出来，接着就沉溺在自己的缺点中了。而有些人甚至在独处的时候也会感到不安。如他们回忆以前失言或失礼的事情时，就会脸红心跳；在想到一个要来临的社交活动时，也会感到焦虑。在这些回忆和想象过程中，害羞也随之产生了。

对于这种害羞心理，很多人的办法是保持低姿态，活在自己的世界里，压抑自己的想法，不去与他人接触，不去改善自己的人际关系。这只能使表面看起来镇定，内心却像一个错综复杂的下水管道，到处堆满了不安的感情和压抑的欲望。而这些都会影响与其他人的正常交往。

那么怎样克服这种害羞心理呢？也许下面这个推销员的故事会给你一些启发。

有个人很想当推销员，可是他和别人说话时总会心跳加速，脸涨得通红，话也说不清楚。为了克服这种障碍，他决心去请教一位心理大师。

大师与这个人交谈片刻后，说："若要治好此病，你得先回答我几个问题。"

他说："请大师问吧！"

大师问："假如你站在即将拜访的客户家门外，那么，你想到哪里去呢？"

他答："我想进入客户的家中。"

大师问："当你进入客户的家以后，你会遇到最坏的情况是什么呢？"

他答："最多被客户赶出来。"

大师问："被赶出来后，你会站在哪里呢？"

他答："还是站在客户家的门外啊！"

大师说："很好，那不就是你一开始所站的位置吗？最坏的结果，不过是回到原处，又有什么好担心的？"

这个人听了大师的话以后，就决定尝试一下，他来到一家客户门前，心怦怦地跳着，这时他攥紧拳头，闭上眼睛，深呼吸了一下，然后对自己说："让我试着沟通，说不定还能获得成功，即使不成功，也不要紧，我还能从中获得一次宝贵的经验。最坏最坏的结果就是回到原处，对我没有任何损失。”

于是，他敲响了客户的门。不一会儿，门开了……他开始了自己成功的推销员生涯。

害羞是我们很多人的通病，但原因却千差万别：有的人是天生胆小内向，性格原因使然；有的人是认识有误，怕在人前出丑，有损自己的面子；有的人则是十分敏感和自卑，过度在意别人对自己的评价而显得缩手缩脚，表现得很不自在……无论原因为何，我们都得先从思想上解放自己。先把心态放平，然后经常鼓励自己，比如“他喜欢和我交往”、“我能讲好的”、“第一次见面虽然重要，但以后有更多机会，这次放松一些好了！”等，这些都会帮助你克服害羞心。

美国著名人际关系学大师卡耐基曾经说过：“征服畏惧、建立自信和克服羞怯心理最快最切实的方法，就是去做你害怕的事情，直到你获得成功的经验。”这个道理很简单。只有实践才能让你成长，这在心理学上称之为“行动疗法”。

琼斯是个新闻记者，刚开始这份工作的时候，他极为羞怯怕生。有一天，他的上司叫他去访问大法官布兰代斯，琼斯大吃一惊，说道：“我怎能单独访问他？布兰代斯不认识我，他怎么会接见我？”

在场的一个记者立刻拿起电话打到布兰代斯的办公室，和大法官的秘书讲话。他说：“我是《明星报》的琼斯（琼斯在旁大吃一惊），我奉命访问法官，不知道他今天能否接见我几分钟？”结果得到了对方肯定的回答，然后这位记者说：“谢谢你，1点15分，我准时到。”他把电话放下，对琼斯说：“你的约会安排好了。”

事隔多年，琼斯还会经常说起这件事儿：“从那时起，我学会了单刀直入的办法，做起来不易，却很有用。克服了心中的一次畏怯，下次就比较容易一点。”

的确是这样，只有勇于实践才能让我们在实战中慢慢克服这种心理。作为你心灵的主宰，我们要做的事就是管好自己的心，让它随时充满勇气与力量，当害羞等负面心理来袭时，能在瞬间击破它们。我们要敢于抓住每一次与人接触的机会，每一次当众表演的机会，勇敢迈出第一步，并坚持下去。总有一天，我们会在自己的成就感中消除羞怯感，从容地建立好自己的人际关系。

变身强者，浇灭心头的嫉妒之火

嫉妒指的是个体在意识到自己对某种利益的占有受到潜在威胁时产生的一种情绪体验。嫉妒总是和怨恨、烦恼、不满、恐惧等不良情绪连在一起，它对人际关系的影响是非常严重的，所以不要让嫉妒之火把自己的朋友和同事都得罪，更不要把自己“烧坏”。

很多时候，嫉妒心的产生是因为我们对自己现状的不满，以及对他人的羡慕，我们希望自己也能像别人一样有胆识、有地位，或者有豪华车、有大房子。这种不满也许会成为我们前进的动力，但这需要我们自觉将其进行转换，转换成奋起直追的心态。能转换的这种心理用羡慕来形容更贴切。如果任羡慕发展，达到攻击他人的程度，就变成了嫉妒。羡慕可以让一个人产生动力，而嫉妒只会伤害你的交往对象，破坏彼此的关系。

古罗马作家奥维德在他的《变形记》中，为大家呈现了一个嫉妒的化身：因维迪亚，她不懂得真正的欢笑为何物，只有当别人受苦时，她才笑。每当她看到别人获得成功时，就会气急败坏，一病不起。她拄着一根蔓藤缠绕、毒刺丛生的拐棍，以黑烟遮体，去给人“接种她的癖好”，她所到之处，“烤焦了植物的顶端……散毒于人群、城市和房屋”。“因维迪亚”就是我们心灵的毒药，它四处游走，让人避之唯恐不及，同时也害人害己。

李伟是某重点大学三年级的学生，他的入学成绩非常优异。刚上大学时，他与同学的关系很融洽，这当然与他热情大方、乐于助人的性格分不开。同学们都喜欢朴素而又热情的他。

可几个月后，他的心理严重失衡。只要有同学哪方面比他强，他就眼红；只要老师当众表扬其他同学，他心里就酸溜溜的；看到家境好的同学不用勤工俭学就能过上很宽裕的生活，他就怨恨自己没有生在一个富裕的家庭；看到别的同学得了奖学金或被评为“三好学生”，他就嫉妒得夜里辗转反侧，暗暗埋怨老天不公。

李伟尤其看不惯与他来自同一所高中的一位老乡刘涛。原来两个人在高中时各方面都不相上下，上大学后，刘涛的成绩越来越好，而且被选为班干部，李伟就开始妒火中烧了。于是他时刻注意着刘涛的一举一动，妄图从中抓住把柄。他还到处散布刘涛的流言蜚语，造谣中伤。他为了争口气，把刘涛比下去，在竞选班干部时竟然做小动作、拉选票，结果他的阴谋被同学们识破，唱票时只有他自己投了自己一票，搞得十分狼狈。后来，同学们都不再敢和他交往，李伟一个人在嫉妒的泥淖中越陷越深。

李伟的做法确实很可恨，但可恨之人也有可怜之处。他追求卓越是没错的，只是他的心理和认知出现了偏差，所以才被嫉妒所俘虏，采取了错误的手段，从某种角度讲，他也是一个弱者。生活中，我们要时刻克制自身情绪，别让嫉妒心理抬头，以免伤人害己。

那么，我们要想建立良好的人际关系，该如何去除嫉妒心呢？

1. 端正认识

嫉妒心往往是由误解造成的，自己总是认为，别人取得了成绩就是对自己的否定。其实，每个人的成功不仅要靠自己的争取，更需要别人的帮助，成绩既属于他人也属于大家，人们给他荣誉，并不会损害你。

2. 对贤者要思齐

如果发现有人比你优秀时，不要认为别人对你构成了威胁，就此对别人心生不满，而应该找出自己和别人的差距，进而向别人学习，争取迎头赶上。

3. 找家人或朋友倾诉

把引起嫉妒的事情和人告诉你的家人或朋友，当把这一切都说出来之后，便会发现折磨你的嫉妒也缓解了很多。而且家人和朋友的安慰会让你感到幸福和温暖，幸福的人是很少去嫉妒别人的。

4. 自我转换和自我调节

要善于把嫉妒心理转换为激励自己前进的动力，努力吸取别人的优点和长处，提高和完善自己，争取真正地超越别人，而不是用恶言去诋毁别人，或者用卑劣的手段去报复别人。

5. 承认你的嫉妒感并及时宣泄

如果产生嫉妒心，没有必要扯一块遮羞布将它盖住，这恰恰是它发芽的土壤，还不如让它暴露在阳光下。比如，可以找个知心的亲友，痛痛快快地说出你对别人的羡慕嫉妒恨，然后由你的亲友适时地给你疏导一下，将其铲除在未发生威力时。第二天，照样可以和你曾经嫉妒的人正常相处，并汲取他身上的优点为你所用。

莎士比亚曾说：“像空气一样轻的小事，对于一个嫉妒的人，也会变成天书一样坚强的确证；也许这就可能引起一场是非。”如果你不想在人际交往中惹出种种是非，如果你还想通过建立庞大的关系网来获取未来的成功，那么就远离嫉妒心理，保持心理健康吧！

不狂妄自大，自然拥有好人缘

带着狂妄自大心理的人，会被一种自以为了不起、比别人优越的情感所支配。这种类型的人与他人交往时，只关心个人的需要，强调自己的感受，在人际关系中表现为目中无人。他们与同伴相聚，不高兴时会不分场合地乱发脾气，高兴时则海阔天空、手舞足蹈讲个痛快，全然不考虑别人的情绪和别人的态度。另外，在对自己与别人的关系上，往往过高地估计了彼此的亲密度，讲一些不该讲的话。这种过于亲昵的行为，反而会使人出于心理防范而与之疏远。

其实，狂妄自大心理产生的原因无非是长相胜于人、出身胜于人、经济胜于人、能力胜于人、职业胜于人、学历胜于人等。与自卑型情感相反，自负型情感在交往中带有主动性或进攻性，一方面乐于和他人交往；另一方面稍不留意便会得罪人，甚至脱离群众，影响群体的团结。

小程和小吴是两位正在读研的女学生，她们想趁青春依旧时将自己“嫁”出去。一次，她们在学校的论坛上认识了一位男生，于是几人相约聚会。

来到约会地点，她们看到一个身材挺拔的男生，细高的个头，戴一副无框眼镜，很有几分书生气，她们第一印象感觉非常良好。于是几人相约在学校的玫瑰园餐厅中布置雅致的单间里聚餐。在等餐的过程中，这位男生一直滔滔不绝，说他的专业前景，说他最近和导师做的项目，以及他以后的打算等，根本不给女生们插话的机会。直到上菜，他才住了嘴。结果拿起筷子，他就开始大快朵颐，三盘菜很快被一扫而光，他又拿起汤匙直接喝起了那碗汤，直到底朝天。聚餐结束后，小程和小吴感到哭笑不得，他后来又约了她们几次，但都被她们委婉地拒绝了。两人再谈到这次经历时，不再直呼对方姓名，只用“狂妄自大”来代替，而这也成了她们读研期间拿来打趣的话题。这位“狂妄自大”在与女生交往过程中，就因为太过于以自我为中心，所以才会使大家产生厌恶感。

其实，在人的天性中或人的潜意识里，人们都是以自我为中心的，所以每个人的心里都或多或少地会有这种自大的心理。但是，我们不应该让其发展成“痴”或“狂”的程度，影响别人对我们的看法和态度，从而疏远我们，这就非常得不偿失了。因此，我们要时刻关注自己的内心和行为，如果哪一天在与人相处时表现出自大的迹象，一定要及时反思和改正。那么，该如何做出正确调整呢？

1. 接受批评是根治狂妄自大的最佳办法

狂妄自大者的致命弱点是不愿意改变自己的态度或接受别人的观点，接受批评即是针对这一特点提出的方法。它并不是让狂妄自大者完全服从于他人，只是要求他们能够接受别人的正确观点，通过接受别人的批评，改变过去固执己见、唯我独尊的形象。

2. 全面地认识自己

金无足赤，人无完人。我们不要被自己的优点所迷惑，就认为自己是天底下最完美的人，人群中的“月亮”，需要众星来捧。同时也不要随意地去评价他人，每个人都有自己的独到之处，我们有超越他人之处，也有不及他人之处，因此发现了自己的缺点和别人的优点之后，我们在与人交往时要学会取长补短，谦虚相待。

3. 主动放低姿态，向别人示好

一位记者去拜访一位自视清高的政治家，想报道一些有关他狂妄自大的生活片段。记者在去之前就已经想好了对策，他暗暗告诉自己这次一定要挖到最真实、最值得炒作的消息才罢休。

记者到达了约好的地点，政治家早已在等他了。还没等记者开口质问，政治家就笑着对他说：“时间还长得很，我们可以慢慢谈，请不要着急。”政治家这种谦和的态度让记者有些不知所措。

不多时，仆人将咖啡端上桌来，这位政治家端起咖啡喝了一口，立即大嚷道：“哦！好烫！”咖啡杯随之滚落在地。政治家呵斥仆人道：“怎么搞的？你不知道这位先生是我的重要客人吗？赶快换一杯！”仆人连忙收拾残局，并重新给他们泡了咖啡。

后来，抽烟的时候，政治家竟然把香烟倒着插入嘴中，从过滤嘴处点火。这时记者赶忙提醒：“先生，你的香烟拿倒了。”政治家听到这话之后，慌忙将香烟拿正，不料却将烟灰缸碰翻在地……

平时趾高气扬的政治家出了一连串洋相，使记者大感意外。不知不觉中，原来那种挑战的情绪消失了，甚至与对方有了一种亲近感，而政治家的目的也达到了。这次采访，记者客观真实地报道了新闻，并没有如开始时想要的百般刁难。

如果这位政治家和以前一样狂妄，恐怕记者就不会这么给他留面子了。此时此刻，高傲的政治家终于懂得有时必须弯下腰来与人平等相处，表现出自己并不完美，也会有犯错的一面。这样的态度转变等于向记者传达了一个信息：我想与你和平相处。当他主动发出这个信号时，记者选择了配合。

4. 就是要有感恩的心

人际交往是个双向互动的过程，如果我们总是以高高在上的态度自居，势必会引来他人的不满，然后就是躲避，这样我们会陷入无伴同行的孤单状态。因此，在生活中，我们要时时告诉自己：我不是太阳，我只是茫茫人海中的一滴水，只有和其他水滴紧密结合，我才能永不干涸。

所以，心怀感恩，你就会像一块磁铁，吸引他人到你身边。

5. 要以发展的眼光看待自己

既要看到自己的过去，又要看到自己的现在和将来。辉煌的过去可能标志着你过去是个英雄，但它并不代表着现在，更不预示着将来。要以发展的眼光看待自己，这样能减少狂妄自大的心理。

永远别让报复的念头出现

报复心理指的是当一个人遭到强烈的破坏性刺激后，产生的一种和对方行为相对抗的“以牙还牙”的心理反应。报复心理是一种不健康的心理状态，它不仅会对报复对象造成这样或那样的伤害，更不利于自己人际关系的发展，甚至还会走上犯罪的道路。

一个男孩和一个女孩相爱了，男孩把女孩当作掌上明珠一样珍惜，事无巨细，他都替女孩想到，关心她吃饱了没有，天气冷的时候有没有穿够衣服，晚上有没有早点睡觉……女孩觉得自己像他的孩子，而不是女朋友，这不是她追求的爱情，所以她提出了分手。男孩觉得自己很委屈，他把所有的爱都给了女孩，可是最终却遭到了被抛弃的命运。

有报复心理的人心胸狭窄，常常误会别人的意思，常常把一件小事想得很严重，对别人心存防备，而很难和人友好相处。而且他们在报复别人之后，良心会感到不安，内心充满悔恨和痛苦。有报复心理的人，常常觉得所有人都对他不公平，不懂得以宽厚待人，对那些给自己带来不幸的人，怀着一种可怕的复仇心理，常常会想方设法，甚至会通过非法的手段来达到报复的目的，以获得心理上的平衡。报复心理对心理健康的危害是巨大的，它就像毒蛇一样吞噬报复者的灵魂，让他备受折磨。

当一个人的心被报复占据的时候，自己的噩运也就不远了。

既然报复心理是良好人际关系的克星，那么我们应该如何保持正常的理智心态，不让报复心理这种邪恶念头出现呢？

1. 深刻认识报复心理的危害

报复之后，报复者只能得到瞬间的快感，之后便陷入了永无止境的痛苦和悔恨之中，并且还会落得“众叛亲离”的结果。报复心理本身对报复者就是一种心理折磨，它使我们看不到生命的精彩，感受不到阳光般的温暖，终日活在黑暗的世界里，久而久之，容易导致心理异常或心理变态。

2. 常常换位思考

在现实生活中，和别人产生矛盾和冲突是不可避免的，对此要做好心理准备，不能采取“以牙还牙”的方式。常常进行换位思考，多站在别人的角度上思考和看待问题，这样就容易理解别人的所作所为，不容易产生报复心理。

3. 心胸要开阔

“海容乃大，故纳百川”。一个人如果有宽阔的心胸，就不会产生报复别人的心理。他会虚心接受别人的批评，促进自己的进步，即使别人伤害了他，做了对不起他的事情，他也会采取宽容、忍让的积极态度。

4. 向亲近的人倾诉

如果报复的欲望之火在我们的心中燃烧，就应该向身边亲近的人倾诉。我们的报复心理只是一时的冲动，当把心里的一切都告诉别人时，我们心中的怒气就得以宣泄，冲动的情绪也会得以平复，这时就不会再想报复了。

5. 转移自己的注意力

当一个人伤害了我们，使我们怒火中烧，产生报复心理时，可以赶快离开他，所谓“眼不见，心不烦”。找我们喜欢的朋友聊天，或者自己去做一件让自己开心的事情，这样就不会再去想报复的事情了。

6. 学会关心和感动

有阳光的地方就会有阴影，要学会用辩证的眼光看待世界和他人。试着去关心别人，那么别人也会用关心来回报我们，要学会为这个世界、为身边的每一个人而感动。这个世界并没有我们想象得那么黑暗，他人也没有我们认为的那么坏，这样我们的心里就会充满温暖。请坚信我们的心像一个容器，如果这个容器盛满了关心和感动，那么报复就没有立足之地了。

不冲动，理性能帮助我们赢得人际关际

冲动是最具破坏性的情绪，它不受逻辑和理性控制。我们常说的情绪管理包括了情绪的感知、情绪的解读和情绪的调节，其中情绪的调节最主要的内容就是对冲动情绪的控制。善于自我管理的人，能够很好地感知、解读和调节自己的情绪，容易与他人建立融洽的人际关系。

1965 年 9 月 7 日，世界台球冠军争夺赛在美国纽约如期举行，选手刘易斯·福克斯在开场时，以绝对的优势领先对手，只要再得几分就可以将冠军收入囊中。就在这个关乎胜败的关键点上，刘易斯·福克斯发现主球上有一只苍蝇，他挥了挥手中的球杆将其赶走，可正当他俯身准备击打球时，那只苍蝇飞了一圈后又落到主球上，他不得不再次停下击打动作，驱赶那只苍蝇。苍蝇在他挥动球杆的动作下飞走了，当他再准备击打时，苍蝇又飞回来了。刘易斯·福克斯发现，这只苍蝇似乎在专门跟自己作对，他非常恼火，挥动球杆赶走苍蝇的幅度比先前大了很多。

这下苍蝇总算没有再来干扰他了，然而他的心情却受到极大的影响，当他击球时，没能命中目标，他失去了一次宝贵的得分机会。

由此，刘易斯·福克斯方寸大乱，在比赛中连连失误，而他的对手则愈战愈勇，以极快的速度赶超了他，并最终夺得冠军。第二天早晨，人们意外地在附近的一条河里发现了刘易斯·福克斯的尸体，他竟然出人意料地选择自杀！

谁能想到一只小小的苍蝇竟然能打败世人眼中所向披靡的世界冠军！刘易斯·福克斯就是因为冲动和一只苍蝇斗气，输掉了比赛，输掉了自己的整个人生，这是一件多么荒谬而又惋惜的事情！如果刘易斯·福克斯能理智地控制自己的情绪，忽略烦人的苍蝇，专心致志地击球，不要为此分神，不要恼羞成怒，更不要在关键时刻做无谓的斗气，也许他的故事会重新改写。

心理学家莱恩将冲动控制描述为“不采取为获得暂时快感而造成潜在的长期的不良影响的某种行动。要想做到不意气用事，必须在冲动之前，在头脑中再现该行为对未来造成的后果，因此，冲动控制包括识别最初的行为趋向、预见行动产生的负面后果，还包括控制行动趋向。”心理学家巴昂则认为“冲动控制包括能够忍受一个人的进攻性冲动，控制侵犯、敌对和不负责任的行为。缺乏冲动控制能力则体现在挫折忍受力低、行事鲁莽、缺乏愤怒控制能力、出言不逊、失控、脾气火暴、做出反常行为。”

一个极易冲动的人，常常为了获得自我心理的满足，采取某些违反社会规范或给自己造成危害的冲动行为，其结果是害人害己。因此，我们在维护人际关系时，应该采取一些积极有效的措施来控制自己的冲动行为。

1. 察觉自己情绪的变化，做出积极主动的调整

接受负面情绪是自我管理的一个很重要的步骤。所谓接受就是不加指责地承认情绪的真实性，不加指责地承认自己有产生和表达这种情绪的权利。但是接受不等于肯定，我们要做到给负面情绪一个合理的出口，就是说情绪的表达对控制冲动很有必要。因为情绪没有表达出来，我们就无法向周围的人传达我们内心的感受和想法，就可能失去一些你希望得到的机会和结果，而且还可能因为负面情绪的长时间积累而身患疾病，因此，适度地表达情绪也是控制或减少冲动的一个途径，很多人就是因为不会在恰当的时机、恰当的地点、对恰当的人、用恰当的方法表达愤怒，最后才出现冲动行为的。

2. 想办法平复自己的情绪

很多历史上的经验教训告诫我们，在冲动来临时往往智商在下降，这时处理事情往往会做出愚蠢的决定和行为。《孙子兵法》中的十二诡道之一就是“怒而挠之”，意思就是说要借着激怒敌人让他出错而战胜他。所以当自己的情绪处在冲动期时，我们应该按照下面的三步进行操作：暂停、思考、行动。

（1）暂停：当即将出现冲动行为时，我们先不要急着反应，而是要冷静下来，积极倾听，反问自己：发生了什么？感觉到了什么？其他人的感受是什么？希望有什么样的结果？

（2）思考：想想造成冲突的原因是什么？解决冲突的最佳方案是什么？

（3）行动：按照自己理性思考后选择的方案去执行。

3. 培养自己良好的内在修养和平和的处世态度

凡是有良好修养的人，都会很自觉地克制自己，凡是有平和处世态度的人，都会比较宽容、大度、温和与理智，这些都是控制冲动的有力武器。

4. 学会一些控制冲动的技能和办法

杜绝根据下意识得到瞬间满意的行为习惯，采取一些办法分析和改变无意义的行为，如用暗示、转移注意、延迟反应法等。当我们察觉到自己的情绪非常激动，即将控制不住时，可以采用言语暗示如“不要做冲动的牺牲品”等；或转而去做一些简单而有趣的事情，或去一个安静平和的环境；也可以强迫自己延迟一段时间再做出反应，这些方法都很有效。

第四章
俘获人心：令人际关系进一步加深

生活中，有很多人我们可能天天见面，他们在我们生活中出现的频率很高，是我们生活圈子中的一部分，然而我们却没有和他们建立起真正的关系。造成这种困境的主要原因是我们没有将心捧给对方。一旦解决了这个问题，人际关系自然也就加深了。

得人心者，善于“共情”

共情也叫同理心、同感、共感等，它是一种设身处地从别人的角度去体会并理解别人的情绪、需要与意图的能力，简言之就是换位思考的能力。懂得共情既是一种态度，也是一种能力。作为态度，它表现为对他人的关心、接受、理解、珍惜和尊重；作为一种能力，它表现为能充分地理解别人，并把这种理解以关切、温暖、得体、尊重的方式表达出来。按照我们的常人的说法就是“换位思考”、“将心比心”。

懂得人际关系的人都有着很强的“共情”能力，通常能够“读懂”他人，会了解他人的感受，知道感受产生的原因及强烈程度。能做到这些的人，通常是被认为具有很好的洞察力的人。无论在工作场所，还是社团和家庭，这种积极的共情对培养和维持真挚持久的人际关系至关重要。因为共情可以使我们更准确地了解他人，更有针对性地为他们提供帮助，更顺畅地与他人交流与沟通，因而也就更容易建立良好的人际关系。

李明是国内一所名牌大学的高才生。毕业后，他凭借自己的实力进入一家国企工作。由于专业基础扎实，又勤学肯干，李明在工作中并没有遇到什么实质性的困难。但是，只有一点让李明心里不痛快，那就是李明所在团队的经理总是跟他过不去。经理并没有在他人面前对李明恶语中伤，也没有刻意为难李明，就是每当他们团队接项目时，经理总是和他唱反调，李明说东，经理偏说西。这让李明心中起了一个不大不小的疙瘩。

这次，李明所在的团队又接了一个项目。在新项目的讨论会上，同事纷纷提出了自己的建议，只有李明默不作声。下班后，经理主动约李明一起吃饭，想请他谈谈对新项目的看法，可李明还是一言不发。经理感到很奇怪。不过，想了一会儿之后，经理微微一笑，说道："自从你来到这个团队之后，你发现每次只要一做项目，我们两个人就会出现分歧。更令你郁闷的是每次的方案总是以我的意见为主，你的建议似乎得不到重视。所以，这次项目你就不发言了。其实，如果换成我，我也会有这样的想法。来企业工作不光是为了养家糊口，还要能实现自己的职业理想。我的建议总是不被采纳，那我怎么能接近我的职业理想，发挥我的个人价值呢？我当然会不高兴了。所以，下班后我才特意想和你沟通一下，看看你对这次项目有什么想法。"听完经理的话，李明心里的委屈消失了大半，和经理讨论起新项目的规划来。

为什么李明前后的态度会变化这么大呢？这是因为经理巧妙地运用了"共情"的方法，消除了李明心中的顾虑。从经理的话语当中，我们不难看出他不是站在自己的立场上去揣度李明的想法，而是真心真意地站在李明的立场上来考虑问题。

请大家想一下，如果我们是李明，几次的提议都不被采纳，还会在新项目的研讨会上发言吗？大多数人都会给出否定的答案。所以李明的主管非常明智，适时地站在李明的角度上去考虑问题，才发现了问题的症结。他及时调整了自己的工作方法，从而使李明再次充满信心地投入到新项目的研发中来。

小张是一家宠物销售公司的员工，连续几天，都没有卖出去一只狗。这天，他敲开了一户人家的门，出来一位女主人。这位女主人说："我不买狗。”小张说：“不卖给你，我卖不动了，只想把狗寄放在你家两天，过几天我来取。”女主人一听说放两天，那太好了，可以免费玩两天小狗，便欣然答应。这位女主人领着小孩尽情地同小狗玩耍，小狗就与女主人建立了深厚的感情，它的小鼻子是湿湿的，小嘴舔一舔小孩的小手，小爪子挠一挠，小尾巴晃一晃。

第二天，小张打来电话，问小狗怎么样？她说小狗挺好。第三天打电话，问狗还活着吗？还是活得挺好。这个女主人愉快的声音在电话线上传递着。第四天小张打电话说：“我去取狗。”女主人说：“你来取钱吧。”小狗就这样被推销出去了。

这个故事告诉我们，人们喜欢为感情付出努力，也喜欢为感情投入金钱，而善于“共情”者就是对他人投入自己的情感，让对方感到欣喜，从而被他人所接纳。那么，我们在维护人际关系时，该怎样培养共情能力呢？

1. 怎么想

设身处地、以己度人，这是人际交往中战无不胜的法宝。设身处地站在他人的角度去体会并理解他人的情绪、想法和需要，进而满足他的需要，就很容易与他人建立良好的人际关系。一个能换位思考的人，肯定是一个人际交往的高手；一个能换位思考的企业，肯定是能赚钱的企业。

格罗培斯是世界上著名的建筑大师。他从事建筑研究 40 多年，攻克过无数建筑方面的难题，在世界各地留下了 70 多处精美的杰作。1971 年在伦敦国际园林建筑艺术研讨会上，他的迪士尼乐园的路径设计被评为世界最佳设计。这条小路有什么特点呢？

原来在迪士尼乐园主体工程完工后，格罗培斯决定暂停修筑乐园里的道路，并在院子的空地上撒上草种，然后宣布乐园提前试开放。半年后，乐园里绿草茵茵，草地上也被游客踏出了不少宽窄不一的小路，非常幽雅自然。格罗培斯根据这些行人踏出来的小路铺设了人行道，这就是后来被世界各地的园林设计大师们评为“幽雅自然、简捷便利、个性突出”的迪士尼乐园小路。当人们问他，为什么会采取这样的方式设计迪士尼乐园的道路时，格罗培斯说了一句很经典的话：艺术是人性化的最高体现。最人性的，就是最好的。格罗培斯的设计之所以能获得世界最佳设计奖，就是因为他做到了设身处地地为游客着想。

需要是这个世界上人们行为的原动力，人际关系的核心也就是需要和需要的满足。在你和别人交往的时候，如果你经常能给他提供他所需要的东西，他就会有好的感觉，就会愿意与你交往，就会和你建立起融洽的人际关系。

2. 怎么说

（1）态度：当我们与人交谈的时候，要做到表情温和、神情专注、音调柔美、语速适当。这些非语言信号传达出来的信息有时比语言还有力量。这样的态度给人的感觉就是你是友好的、和善的、可以继续交往的。

（2）内容：首先，要让对方能听得进去，这就是我们常说的从让对方说“是”开始。如果一开始谈话就话不投机，那后边的话题还没有展开，交往可能就终止了。

艾伯森在一家银行任职，有一天，一位老人要在他们的银行开个户头。艾伯森要他填写一些表格，但有些表格这个年轻人不愿意填写。艾伯森想如果他真的拒绝填写，银行就不能为他办理开户手续，这样他就会失去这个客户。这时他想出了一个方法，决定先从引导对方说“是”开始。

艾伯森向这位客户说，你可以不填写那些表格，那也不是绝对必要的。可想而知，客户一定说了第一个“是”。接着艾伯森又说：“其实你把你亲人的名字告诉我也不一定是坏事，因为那样的话可以在你如果发生意外的时候让你的亲人享受到你的财产，否则就浪费了，你说是吧？”这个客户又说了第二个“是”。这时候客户的态度已经发生了变化，因为他发现让他填写的资料不是为了银行，而是为了他的利益，所以他就变得十分合作。最后他填写了所有的资料，顺利地办理了开户手续。

这样就达到了双赢的效果：客户满意，艾伯森的业绩也有了提升。艾伯森深知，当对方在填表格的过程中，有逆反心理时，他采用共情的方式，站在对方的立场考虑问题，从而一步步引导对方，让对方说“是”，最终完成相关要求。

有点小缺点比完美更可爱

社会心理学家阿伦森曾做过这样一个实验：他让所有参加实验的人听一段录音，录音的内容是 4 位选手在一次竞争激烈的演讲会上的演讲。在这 4 位演讲者中，第一个人很有才华，在讲话的过程中没有任何失误；第二个人也很有才华，但在讲话过程中碰翻了杯子；第三个人才华一般，但在讲话过程中没有出现失误；第四个人才华也一般，而且在讲话过程中碰翻了杯子。然后，阿伦森让大家从这 4 个人的演讲中选出自己最喜欢的人。

实验结果表明，虽然第一个人最出色，但他并不是最受人们欢迎的人，人们反倒喜欢有才华并碰翻杯子的人。

人们更喜欢有缺陷的人，为什么呢？这是因为一般人与完美无缺的人交往时，总难免因为自己不如对方而有点自卑。如果发现精明人也和自己一样有缺点，就会减轻自己的自卑，感到安全，也就更愿意与之交往。试想，谁会愿意和那些容易让自己感到自卑的人交往呢？所以不太完美的人更容易让人觉得可亲、可爱。

因此，善于管理人际关系的人首先会承认自己并不完美，然后去追求完美。遗憾的是，很多人做不到这一点，我们喜欢在朋友面前吹嘘自己如何如何地完美，其实没有人喜欢过于完美的人，因为过于完美就远离了真实的生活，也会在不知不觉中与他人产生距离。如果一个人处处都追求给下属留下“完美印象”，那只会造成与别人之间心理上的生疏。

有位伟大的雕刻家，他的艺术造诣是如此的高超，以至于当他完成一座雕像时，令人几乎难以同真人区分。有一天，占星师告诉雕刻家即将死亡。雕刻家非常伤心，他开始害怕——就像所有人一样，他也想要避免死亡。他静心思索，最后想到一个方法——他做了11个自己的雕像。当死神来敲门时，他屏住呼吸，藏在那11个雕像中间。

死神感到困惑，无法分辨出面前哪一个才是雕刻家！

“到底怎么回事？12个一模一样的‘人’？现在，该带走哪一个呢？”死神无法做出决定，带着困惑，踌躇良久，说，“为什么居然会有12个一模一样的‘人’？我该如何选择？”

又过了好一会儿，死神想到一个办法——他对着面前的12个“人”说：“先生，一切都非常完美，只有一件小事例外。你做得非常好，但你忘记了一点，所以仍然有个小小的瑕疵。”

雕刻家完全忘记自己要躲起来逃避死神的事。他跳了出来问：“什么瑕疵？”

死神笑着说：“抓到你了！这就是瑕疵——你无法忘记你自己，世间更没有完美的东西！走吧！”

从心理学角度来说，“完美”是一种极端追求。那种完善自我，健康地追求完美，并且在努力达到高标准过程中体验到快乐的人，不是完美主义者。心理学上的“完美主义者”是指那些把个人的理想标准和道德标准都定得过高，不切合实际，而且带有明显的强迫倾向，要求自己去做不可能做到的人。人生有许多的不完美，千万不要抱怨，苦苦去追寻不完美中的完美，而失去你触手可及的快乐。

自古“伴君如伴虎”，官场上，有人为防止别人洞察到自己的内心，处处谨慎，从来不暴露自己的目标和理想，还要适时“贬低”自己，做出胸无大志的表象来迷惑对手，让对手对自己“放心”、对自己不设防，以免将来受制于人或被其算计。

秦始皇统一六国时，大将王翦为秦国立下了汗马功劳。秦始皇担心王翦功高震主，就在攻打楚军时有意重用李信。王翦自然知道其中缘由，于是以生病为由告老还乡。后来，李信的军队被楚将项燕打败，李信本人音信全无。秦始皇只好放下架子，亲自去请王翦再次出山。为了表示对王翦的信任，秦始皇亲自赶到灞上为王翦饯行。这时，秦始皇心里对王翦掌握重权这一点还是有所顾虑，并在言谈之间流露出这种顾虑。

王翦为了打消秦始皇的顾虑，就开口向秦始皇索要了许多田宅。秦始皇疑惑地问：“将军就要上战场了，为何突然开口向我求财？”

王翦回答：“身为将军，即便有功也不能封侯，所以臣想在还被君王重用之时请求一些好处，以便造福子孙。”秦始皇见王翦如此坦诚，顿时放心不少，不禁开怀大笑起来。

到了边关之后，王翦又几次派人回都向秦始皇索要良田。有人觉得这么做不妥当，就向王翦进言：“将军，您这么强请硬求，未免有些过分吧？”

王翦语重心长地回答：“秦王向来疑心重，现将全秦士兵都托付于我，我若不多要一些田产，他便会怀疑我别有所图。”

王翦在接受重大任务时，坦诚地向秦始皇要自己应该得到的东西，既表明了他有信心完成任务，又表明他会为了得到这些报酬而竭尽全力地去完成任务，从而也就打消了秦始皇的疑虑。

在处理人际关系的过程中，当我们被别人嫉妒或防备时，可以让对方先看到我们的能力，然后再装作很自然地妥协。在这个“从劣势转为均势，从均势转为优势”的过程中，让胜利于对方。事实上，隐“优”暴“缺”，成全别人的好胜心，是一种处世的艺术。这样可以使处境不如自己的人保持心理平衡，对我们放松警惕，这更有利于我们取得别人的信任，更有利于我们做事。

“小事”往往能感人

马可·汉纳曾经是美国政坛的风云人物。1896年，麦金利正是在汉纳的帮助下，才顺利当选为美国总统的，而且美国采用“金本位制”，也是由于汉纳的坚持。

马可·汉纳在政治上有着非凡的影响力。尽管如此，年轻而骄傲的纽约商人、政治家威廉·比尔，却并不怎么喜欢汉纳。在他看来，汉纳不过是个克里夫兰的“红发妖魔”，是个“笨蛋”而已。但汉纳是共和党的领袖，比尔为了使自己在政治路上能够走得更远，不得不登门拜访汉纳。即便如此，他对汉纳仍然有说不出的反感。

出乎意料的是，比尔发现在与汉纳的整个交谈过程中，汉纳从头到尾都在讲关于比尔的事情：关于比尔的父亲，关于比尔对政纲的意见等。

汉纳说：“你来自俄亥俄州吧？你的父亲是不是比尔法官？他是民主党的……”当时，比尔简直觉得不可思议：汉纳竟然重视一个反对自己的人，将对方的一切了解得那么清楚。就在比尔目瞪口呆的时候，汉纳又像是在和一位世侄交谈一样说：“嗯，你父亲可是个非常厉害的角色，害得我几个朋友在一次石油生意上损失了许多钱呢！”

整个谈话过程中，汉纳不时地讲到许多关于比尔的小事，例如比尔在阿需兰的伯父。就这样，当谈话结束的时候，比尔对于汉纳的反感已经烟消云散了。一段时间后，威廉·比尔甚至成了汉纳忠诚的支持者。而且，在此后的几年中，威廉·比尔最愿意做的事情就是为自己曾经最厌恶的汉纳服务。

在维护和建立人际关系的过程中，努力记住对方的小事，并在适当的时候让对方知道我们记住了关于他的事情，这能够帮助我们赢得他人的好感。

佩恩莱享钢铁公司的创建人查尔斯·什瓦普，也认为对他人怀有浓厚的兴趣是获得良好人际关系的一个窍门。

第一次世界大战期间，查尔斯·什瓦普被紧急任命为紧急装备军舰公司的领导。为了提高军舰的制造数量，他记住了当时火克岛造船所所长的海军司令喜欢泽西牛的癖好，然后他对这位海军司令说：“如果你能把军舰的制造数量从 30 艘提高到 50 艘，你将得到一头‘全美最棒的泽西牛’。”海军司令听后，立刻将查尔斯视为知己，表示愿意尽自己所能为查尔斯效力。

可见，努力记住有关对方的事，然后让对方知道，会给对方一种被人重视、被人关注的心理满足感，进而对我们产生好感。而且，记住的事情越是微小、不起眼，当对方得知我们记住了它们时，他获得的心理满足感就越大，对我们产生的好感也就越强烈。

通过记住有关对方的小事，来获得对方的好感，是一个非常有效的维护人际关系的策略。无论对方是大人物还是普通人，这个方法都同样有效。以访问大人物而闻名的新闻记者马可森曾说：“当你将大人物们曾经说过的话复述出来的时候，他们的心情就会显得格外好，对你也会表现得格外友善。”

善于维护人际关系的人都十分清楚这种策略所带来的好处，总是在适当的时刻，顺便问一两句对方个人的事情，以表示他们将对方正在做的事、对方的喜好记在心上，让对方感觉这些小事他们早该忘记，但却没想到他们还挂在心上，从而给对方一种非常愉悦的心理感受，进而对他们产生好感。

其实，记住他人的小事，说起来十分容易，可能正是因为容易，人们才常常忽略它。因此，从现在开始，努力记住有关别人的小事，一旦在他们看来微不足道的小事从我们口中说出，我们便在无形中笼络了对方。

关键时刻伸出手，更能征服人心

人生起起伏伏，今天的成功者可能成为明天的失败者，昨天的失败者可能是今天的成功者。这种现象，在当今社会并不罕见。

在我们周围不乏落魄者，他们很可能是从“天上”掉到“地下”的，其痛苦心情可以想象。在这种际遇下，他们很多都自惭形秽，觉得没脸见人，也有的则更加自尊、敏感，对他人对自己的态度往往异常关注。此时，如果我们“幸灾乐祸”，对方自然会对我们失望至极，甚至会产生报复心理。

在这种情况下，懂得维护人际关系的人都会选择伸出手，拉对方一把。

周定王二年（公元前605年），楚令尹斗椒趁楚庄王率兵在外打仗之际，率本族若敖氏发动叛乱，欲置楚庄王于死地。楚庄王经过艰苦作战，终于将叛乱平息，巩固了君位。事后，论功行赏，在渐台大摆酒宴，招待群臣，欢庆胜利。一时间，渐台之上，文臣武将云集，妃嫔歌女陪伴，热闹非凡。

楚庄王更是兴致勃勃。他大声宣布："我已经6年多不击钟鼓娱乐了。今日平定奸臣叛乱，国家安定了，我愿意同大家尽情娱乐一天，共享太平。我们这个宴，就叫太平宴。"

众臣听罢，齐声附和，连连称赞。

楚庄王接着下令："朝中文武官员，不论官职大小，都可以入席赴宴，尽情畅饮。"

大家一齐拜倒感谢，遂依次入席就座。

宴会开始，侍者穿梭般来来往往，将美味佳肴呈献在群臣面前。乐师奏起了欢快的乐曲，歌女跳起了轻柔的舞蹈，群臣频频举杯庆贺，到处洋溢着欢乐的气氛。

不知不觉，天色已晚，但大家仍兴致不减，楚庄王于是命人点上蜡烛，继续欢宴。

喝到高兴处，楚庄王一时兴起，也忘了什么君臣之礼，命自己最宠爱的许姬给大家斟酒助兴。众臣见状，又惊又喜，慌忙起身回谢，站着将酒饮下。

突然，一阵风吹来，将所有的蜡烛全部吹灭，眼前一片漆黑，堂上顿时有些混乱。楚庄王命令左右赶快去取火点蜡。

这期间，有一个人因垂涎于许姬的美貌，加之饮酒过多，难于自控，便乘黑暗混乱之机，抓住了许姬的衣袖。

许姬一惊，左手奋力挣脱，右手趁势抓住了那人的冠缨，由于用力过猛，将冠缨揪了下来。那人吃了一惊，酒醒大半，也慌忙松了手。

许姬拿着冠缨来到楚庄王面前，附在他耳边轻声说道："我刚才奉您的命令给大家敬酒，有一个人对我非礼，乘蜡烛熄灭之机硬拉我的衣袖不放。我已经把他的冠缨拽下来了，您可以点上蜡烛查一查是谁干的。"

楚庄王听罢，略加思考，却命令左右先别点蜡烛，并大声宣布："我今天举办宴会，有约在先，要同大家尽情畅饮，一醉方休。现在大家都要去掉冠缨，举杯痛饮，凡不去掉冠缨者，将被我们视为不受欢迎的人。"

此语一出，大家纷纷将冠缨去掉，以示响应。随后，楚庄王方下令点亮蜡烛。这时，大家冠上都没有了缨，刚才拉许姬衣袖的人自然也无从查起了。

宴散之后，许姬埋怨楚庄王不该如此迁就臣下的无礼举动。楚庄王笑着解释说："我今天宴请群臣，是让大家尽情欢乐。一些人酒后失态，是人之常情。我如果追查这件事并对之进行处理，保全了你的名节，却伤了臣下的心，使大家都感到扫兴，这就违背了我宴请大家的初衷啊！"

许姬见楚庄王说得合情合理，遂转怒为嗔，对楚庄王更加敬佩了。此事传出，大家纷纷称赞楚庄王处事得体，遂称此次宴会为"绝缨会"。

后来楚王攻打郑国，有一位勇将独自率领几百人，为三军开路，过关斩将，直捣郑国的首都，而此人就是当年揩赵姬油的那位官员。他因楚王施恩于他，而发誓毕生孝忠于楚王。

试想，楚王若是一个小肚鸡肠的人，当场若把调戏赵姬的人抓出来，一定会让对方名誉扫地，甚至恼羞成怒。而他善意的举动不仅维护了对方的尊严，更为自己笼络了一员猛将。是得是失，一目了然。

在重要关头帮人一把，拉他一下，他会在心里感激你一辈子。即使你是一个不图回报的人，在别人需要你的时候，困难的时候，走入瓶颈的时候拉人一把，也可以唤起自己一颗善良的心。

陈羽与刘涛是多年的同事。工作中，陈羽表现平平，只是一个小职员；刘涛则能力很强，早已成为销售部的经理。除正常的工作关系外，两人的交往并不密切。

一次，刘涛因涉及公司的重大变故，而受到董事长的冷落。祸不单行，刘涛的母亲又因意外去世。接二连三的打击，刘涛的情绪极为低落。这时，陈羽很同情刘涛的境遇，在他母亲下葬的那天，陈羽主动帮忙。正值寒冬腊月，其他同事都躲在屋里取暖，只有陈羽一直在外面帮助处理各种事务。见到这样的情景，刘涛十分感动，突然觉得陈羽的形象高大了起来。

一年后，刘涛东山再起，重新当上了销售部经理，不久又迅速升任总经理。他难以忘记陈羽在他患难时的帮助，就努力提拔陈羽为销售部经理。

人非草木，孰能无情。在困难之际，人们内心深处都有情感的需要，希望从别人那里得到关怀、体贴和重视，甚至有时候，情感需要比物质需要更重。如果我们能忧他人所忧，乐他人所乐，对他人富有同情心，并在患难时伸出援助之手，就很容易征服对方。

当朋友身患重病时，多去探望，多聊聊朋友关心的或感兴趣的话题；当朋友遭遇挫折时，多给予一些鼓励；当朋友郁郁寡欢时，亲切地慰问他们。这些适时的安慰就像阳光一样，能够温暖受伤者的心田，带给他们对未来的希望，更能换来他们对你的感恩戴德。

因此，从此刻开始，别再漠视那些落魄的朋友了，伸出你的手，关键时刻拉他们一把，你就会像磁石一样，一辈子吸引住他们，他们就是你人际关系中最为忠诚的伙伴或朋友。

通过细节赢得人心

在保持和谐人际关系的过程中，许多细节问题，有时候看似不起眼，不值得注意，但是往往正是因为这一点而给自己造成失败，给别人带来伤害，所谓“千里之堤，溃于蚁穴”，小小的漏洞足以造成巨大的损失。所以，个人处理人际关系时，一定要注意细节问题，把小事做好，以减少给自己和别人造成伤害。

细节决定成败。也许你在大事上能够英明果断，能力超群，如果细节问题处理不好，很可能会使你功亏一篑，遭受失败。与人交往的过程中，除了在大的原则上不出错误以外，更要注重细节的问题。一个眼神，一个表情，一句不经意的话，都可能让别人看起来或者听起来很不舒服，给人造成心理的伤害，甚至会严重影响一个人的人际关系。

小王是一个很有能力的年轻人，大学刚毕业，到一家有名的企业去应聘营销经理，如果应聘成功，将会得到年薪 8 万元的酬劳。对于这次应聘，小王十分努力，在众多应聘者之间左冲右突，一路过关斩将，从 100 多位优秀的应聘者中脱颖而出，最终获得了公司总裁接见的机会。

那天，小王很激动地走进总裁办公室。但是总裁不在，只有一位年轻漂亮的女秘书微笑着对小王说：“先生，您好，总裁不在，总裁让您给他打个电话。”于是，小王掏出手机，拨了一串号码。但就在这时，他看见办公桌上有两部电话，就问那女秘书：“我可以用一下电话吗？”“可以。”女秘书微笑着回答他。小王拿起桌上的电话，拨了总裁的号码。总裁在那端兴奋地说：“小王啊，我看了你的简历，了解了你的答辩情况，的确很优秀，所以我们决定聘任你为我们的营销经理，欢迎你加盟本公司。”

听到这个好消息，小王高兴得快跳了起来，第一个反应就是将这个好消息告诉自己的女友。但是女友出差去了国外，用手机打会花很多话费。这时，小王又看了看办公桌上的两部电话，心想：我都快是公司的人了，他们是大公司，不会在乎一点儿电话费吧。想到这里，便拿起电话，给女友打国际长途。

小王的电话还没有打完，总裁就通过另一部电话打了过来："对不起，小王，刚才我的话宣布作废。通过监控，我看到了你的表现，很抱歉，你没能闯过最后一关……"

"为什么？"小王呆呆地问。

女秘书惋惜地摇摇头，叹道："唉，许多人和您一样，都忽略了一个微小的细节。在没有成为公司正式员工之前，明明身上有手机，却要用公司的电话。"

一个微小的细节使小王失去了一份很好的工作，在人际交往当中，特别要注意这个问题，有时候你认为无所谓的事情，正好体现出一个人的修养和素质。从心理学角度来看，要想让别人喜欢你、赢得人心，从而让自己的人际关系变得更加顺畅，我们不妨从交际细节入手，让对方以小见大，在心中对你产生一个良好的心理效应。那么，针对细节，该从哪些方面入手呢？

1. 注意他人的语言

多注意周围人的语言，记住它，这可能是你和对方以后交谈的谈资。每个人的话语并非句句金科玉律，并非句句掷地有声。有些话说过后，说话者可能很快就会忘了，或者不再去留意它。这种随意的话语很有文章可做。当有一天我们说："你曾说过……至今我还记忆犹新。"对方一定会因为受到我们的重视而高兴万分，认为我们是一个细心的人，一个非常关心他人的人。如果我们不但记住他人随意的话语，而且还能按照他随意的话语去做，那效果就会更加显著了。

一天，小张高高兴兴地给老李送去一大包家乡特产——豆干。送去时小张说："我刚从老家回来，把以前答应送你的家乡特产捎来给您。"经小张这么一说，老李才恍然想起，半年前两人一起喝酒时，小张曾说过："我们家乡特产五香豆干，味道棒极了。"而老李当时接着开玩笑说："既然这样，等你回老家探亲的时候也给我捎一包尝尝吧！"

实际上，这只是老李的一句玩笑话，说完也就忘了。等到小张真的把豆干送来了，老李便感动得不得了，两人间的心理距离也随之大大缩短了。

多留意和我们交际的那些人的随意话语，别人的无心之话，就可能成为加深感情的"推助剂"。

2. 同样的事情不同的做法

某大型超市里，有一位售货员非常受顾客的欢迎，经她手卖出的商品要比其他售货员多得多。这是因为她很注意售货时的细节。比如，人家要买一公斤左右的糖果，她总是抓 0.9 公斤左右上秤，然后再一颗一颗地添，直至足秤为止。而很多其他售货员采取的是完全相反的方式，先抓超过一公斤的东西上秤，再"残酷"地一点一点地往外拿……

显然，这位优秀售货员的做法令人感到愉快，同样是称东西，也称的是同样多的东西，她的行为就能在心理上给人一种宽慰。这就是关注细节的问题。

3. 关注他人的"细微变化"

要知道，没有人会拒绝被人关心，也没有人会对关心自己的人产生排斥情绪，就看我们是否愿意去关心别人。所以，要想赢得好评，就需要我们适当地对别人表达出自己的关心，而这更需要我们从细微之处发现可以关心对方的"理由"。如果我们发现对方穿戴、容颜等方面的细微变化，最好能立刻指出。如果对方换了条新领带，我们说声："这条领带你第一次戴吧，真配你，在哪儿买的?”还有，比如对方孩子生病了，我们花点时间、买点东西去看望，他一定会愉快地接受我们的关心，从而对我们产生好感。特别是女性，尤其注意自己的穿戴，一旦有人注意到了她服饰的变化，她定会感到由衷的欣喜，这时我们之间的距离也便随之缩短了。

注意此类的交际细节，就是在“润滑”每日生活的“齿轮”，从而使我们事事顺意。注重细节也是为你插上腾飞的翅膀，从而助我们成功。修饰我们的交际细节，就是锦上添花。请重视细微之处吧，里面大有交际文章可做!

多注意一些细节，从细小处完善自己，温暖别人。比如，与别人交谈的过程中，高兴时就扬起眉毛，严肃时就瞪大眼睛，有疑问时就率直询问，听完后简要复述。这样的话，就会给人留下头脑灵活、擅长交际的好印象。如果说话节奏适中、举止动作稳重大方，那么就会给人气度不凡、从容镇定的印象。对于别人的邀请，如果能拿出笔记本，认真地记下约会的时间和地点，那么别人就会认为我们是个办事一丝不苟的人。这些都是交际细节，因为我们加以修饰和完善，自然就完善了自己的交际形象。小处不可随便，也是让别人喜欢我们的一大重要心理策略，这很可能关系到我们能否获得成功。做到注意和修饰自己的交际细节，我们就能利用细小之处赢得人心!

凡事让人三分，有理也要饶人

人与人之间难免会发生一些误会，一旦有了误会，谁都认为自己是对的，有的人常常得理不饶人，抓住别人的小辫子不放，指责对方的错误，以显出自己是占了上风。古人说:“得饶人处且饶人。”对别人宽容、大度是一种高尚的美德。得理要饶人、给对方一个台阶下，是一种智慧；让人三分，人际关系就变得和谐起来。

小王和小李是公司的骨干，公司能运转到现在，这两位的功劳是功不可没的。经理非常喜欢他们，但是小王和小李却很不合，总是在背后互相指责对方，两个人水火不容，互相视对方为敌人。

一天，小王的电脑打不开了，里面有很重要的资料，他一边焦急地摆弄着电脑一边说："完了，这下完了，下午就要交设计稿了，如果打不开的话那下午的设计研讨会上我就死定了。"这话让小李听到了，小李想：虽然小王这个人平时总是跟我对着干，但我也有错，今天下午的设计稿很重要，小王的设计很好，平时的设计都能为公司增光，何况今天是多家公司一起参展设计，少了小王是不行的，小王的设计能被选上的话对我也有帮助，再说了，这也是可以化解我们之间矛盾的机会，我们都是为一个公司效力的，都是为公司着想，想要在这个公司长久干下去的话，还得要有好的人缘，而小王也并不是真正的敌人，他可以成为朋友。于是，小李朝着小王走了过去："我来看看吧，如果你相信我，就交给我好了。"

小王看到小李今天那么热情还有点摸不着头脑，他正在想是怎么回事，这时小李把电脑修好了，然后说："好了，你可以用了。"小王感激地连说谢谢，小李笑了笑说："朋友，好好干。"之后，小王和小李关系一直很好，小李向小王学习做设计，小王跟小李学电脑的相关知识。

小李以他的宽容大度化解了两个人的恩怨，最终两人成为朋友，互相取长补短，互相学习。"君子贤而能容罢，知而能容愚，博而能容浅，粹而能容杂。"这是荀子的一句经典话语。君子之所以为君子，那是因为他们都有一颗能够宽容的心！

王茜前几天从品牌服装店里买了一件自己喜欢的衣服，但穿了几天却不想穿了，想退回去，便到洗衣店把衣服洗了下。第二天来到那家品牌店，看见售货员小李便说："我要退货。"小李接过衣服一看，衣服是洗过的，但是店里规定如果有顾客退货的话得是新的才可以。小李是个负责的人，于是为了给顾客一个台阶下就没有当众揭穿王茜，而是换了个方式对王茜说："王小姐，是不是您家人不小心把这衣服送洗衣店里洗了啊，我之前也犯过类似的错误，我前几天加班也没时间洗衣服，我男朋友在家，他那天也闲着没事干，不知道怎么了，稀里糊涂地把一大堆衣服抱到洗衣店，这情况不是和您一样吗？您看，这件衣服上面也明显看到有洗过的痕迹。"王茜听了无话可说，但却对小李产生了感激之情。

店员小李懂得给对方一个台阶下，得到的是别人对她的尊重和感激之情，懂得给对方一个台阶下也是一种变通的表现。

"人非圣贤，孰能无过?"善待别人也是善待自己，给别人一条路的同时也是给自己一条路。只要对人对事都有宽宏大量之心，生活中便能减少一些不愉快的事情发生。明智的人知道在能抓住理的同时给对方一个台阶下，即使对方是敌人，那么他们也会心存感激。给别人一个台阶，就是给自己留条后路，只有胸怀坦荡、为别人着想的人才会懂得如何给人一个台阶。给人一个台阶便能赢得友谊，得到他人对我们的信赖；给别人一个台阶下，往往是给自己的人生道路上增添了一位朋友。

人际交往有很多技巧，得理饶人也是其中之一。生活当中往往有些人觉得自己很有道理，看到别人没理的时候便揪住别人的缺点进行狂追猛打，对方知道自己错了，有的人还要对他"置于死地"。想必大家都看过《还珠格格》吧，里面的皇后一直想要陷害紫薇，有一次紫薇因为他们的陷害入狱了，里面有个非常让人愤恨的画面：容嬷嬷用针来刺伤紫薇。经过一段时间，皇上终于查清楚了真相，明白是皇后所为，于是要惩治皇后，但是紫薇却没有在皇上面前说皇后的坏话，而是为皇后求情。

这里面的紫薇就十分善良，懂得得理也要饶人，这样的做法就是大智，知道给对方台阶下，才能避免以后的灾难发生。

当有人想要陷害我们时，我们揪住了他的小辫子，可能因一时气愤而去当面指责对方，这是不明智的选择。聪明的人懂得得理饶人的道理，知道给对方留台阶下也是为了给自己留条后路。得饶人处且饶人，这样会让自己的道路变得宽广、顺畅。

永远不要争论，谁都赢不了这场“战争”

人际交往是一个十分复杂的过程，最不值得做的事情是什么？最得不偿失的事情是什么？就是与人争辩。有一句话说得很好：“你也许能够打胜一场战争，但是你绝对赢不了一场争论。争论，尤其是激烈的争论，最终的结果只会是两败俱伤。”在这个世界上，没有一个人能在争论中获胜；在这个世界上，没有一个人能够在争论中真正击败对手。

据说，清代中期时，在安徽桐城，有两户人家要相邻建房，一户姓叶，一户姓张。姓张的这户人家就是当朝宰相张英的家，而另一家是姓叶的侍郎家。

开始建房的时候，两家因为地皮而争执起来，为此撕破脸皮，双方就是想多占些地，将自家房屋建得更大一些，但是谁都不肯退让，都觉得对方不讲道理，因此都不甘示弱，谁也没想到本要成为邻居的两户人家却因不肯吃亏而怒目相视，据理力争。

没有办法的时候，张老夫人便给张英写了一封信，告诉详细事由，并要求张英出面干预，让对方做出让步。张英马上给家里回了一封信：“千里修书只为墙，让他三尺又何妨？万里长城今犹在，不见当年秦始皇。”

张老夫人觉得儿子说得很有道理，主动把自家建墙的位置向后退了三尺。叶家见张家这样的举动之后，也为自家先前行为感到惭愧，也把墙让出三尺。

这样一来，两家的院墙之间就有了6尺的空余位置，成了当时有名的六尺宽的巷道，大家俗称“六尺巷”。

张、叶两家的互相退让成为美谈。对于张、叶两家来说，如果一定要争执下去，就算有一方胜出了，占了上风，也会失去一段本可以很美好的邻里关系。这对双方来说都是一种损失。

在生活中，每个人的成长环境、所受教育都不同，与别人相处的时候，意见不统一是常见的事情。有的人会据理力争，其实就是因为一个面子问题，寻找一种心理的慰藉而已。当把这种“强词夺理”进行到一定程度、冷静下来分析时就会发现，这样的做法其实毫无意义，它不仅让彼此的交际无法进行下去，而且在某些方面对自己也是一种损失。

卡耐基曾说：“避免与人争执的办法就是不争执。”

美国前总统林肯也曾告诫一位和同事激烈争执的青年军官说：

“任何有理想、有抱负、想有所作为的人，绝对不会在这种私人争执上浪费时间。在遇到和别人意见相左的问题时，你要多让一步。如果你确实是对的，那就少让点，不能失去理智，要有自制力。与其与狗争道被咬一口，还不如让狗先走，因为就算你打死它，也治不好你的伤。”

是的，在交际中，如果只是为了面子而强词夺理，这是非常不值当的，这将会违背我们与对方交际的初衷。因此，每当我们要与人争辩前，不妨先考虑一下，我们到底要的是什么？一个是毫无疑义的“表面胜利”，一个是对方的好感。当我们做出了正确的选择，就会自动地远离争辩。

具体来讲，在人际交往中，为了避免无谓的争辩，我们可以从以下几个方面做起：

1. 建立高水准的自尊

常言道："阎王好惹，小鬼难缠。"的确是这样，在维护人际关系的过程中，我们不难发现，往往是越有身份越有地位的人越好相处，而那些自以为很了不起的人，不是喜欢吹牛就是态度傲慢；不是颠三倒四就是故意刁难；不是见风使舵就是恃强凌弱……他们总在利用一切可以利用的方式来展现自己的重要性，让自己表现得高人一等。

面对这样的人，要想不引起不必要的争论，我们首先要建立高水准的自尊，把自己的人生定位在高格调上。这样我们才能对自己充满信心，才可以去追求一些有价值有意义的事情，才不会在一些事情上去斤斤计较，才会心胸宽阔，谦让待人。

2. 尽量避免威胁和强迫

当我们提出的意见或建议，别人一时无法接受时，自己又不想和对方产生争论，这个时候就要放下强迫和威吓，采取平和的口气向对方陈述自己的想法或观点，这样的话，对方觉得不是我们让他陷入绝境。反之，如果采取逼迫和威吓的方式，只能激起对方的"逆反心理"，从而达不到我们的目的。所以，要想让我们的人际关系变得和谐起来，在与人交往的过程中，千万不要表现得过于强势，更不要动辄采取强迫和威吓的方法。

3. 适当夸奖，欲擒故纵

只要留意观察一下，就会发现这样的情况：当面指责他人的不足或错误时，对方很难接受；当用夸奖的方式时，对方会主动承认自己的缺点和不足。为了避免不必要的争论，与他人探讨问题时或他人出现错误时，不要针锋相对，应该避免那些对方不愿意接受的敏感话题，适时地夸奖对方的长处，满足对方的心理需求，让对方“心甘情愿”地接受我们所指出的错误或不足，继而接受我们的观点。

4. 主动坦率地自我批评

任何时候都要记住，当指出别人的不足或错误时，一定要间接、委婉地去表达出来。如果自己出现了错误时，最好的方法就是主动承认错误，这是避免争论的最佳途径。不妨这样设想一下：当我们出现错误后，知道自己肯定会挨批评，这个时候要是提前把对方批评我们的话说出来，对方十之八九会以宽宏大度的态度谅解我们的错误。此外，当我们主动承认错误后，争论也就由此消除。

5. 要尽量保持语调温和

在维护人际关系时，无论对方是谁，我们要想避免争论，就一定要保持温和的语气。心理学研究表明，当双方进行交流时，答话者的语调通常会随着问话者语音的高低而起伏。也就是说，问话者的声音高，答话者的声音就高；问话者的声音低，答话者的声音也就相对低。而声音的高低，也是一个人情绪的体现，当我们用温和的声音与对方交谈时，对方也会用温和的声音来回答，这样，我们就可以掌控对方的情绪，从而避免不必要的争论。

第五章
自我完善：建立更加和谐的人际关系

很多人觉得自己的交际圈子狭窄，其实这不是别人不愿意结交我们，而是我们自身出了问题。这些问题存在的方式多种多样，如果我们想建立广泛的人际关系，就必须完善自我，不断提高自己的素质和品格，用尊重、宽容、热情等个人魅力去征服对方，继而扩展自己的人际关系。

尊重他人是交际的前提

每个人在内心深处都希望得到别人的尊重。因此，尊重他人，是维护人际关系的前提，我们只有懂得尊重别人，才能够得到别人真正的认可，获得别人的好感。

广告设计师史小姐所租的房子快到期了，周边的房租价格已经涨了许多，史小姐不想再搬家，又不想让房东提高房价。她打电话给房东，说在租约期满后准备搬出去，但实际上她并不想搬，觉得总是搬家太麻烦，只希望房东能够按照原来的价位将房子继续租给自己，但是房东没有表态。史小姐估计成功的希望不太大，因为身边的很多房客都没有成功，而且自己的房东非常固执己见。不过史小姐当时正在学习待人接物的艺术，她决定再试一试。

第二天，房东登门拜访，史小姐在门口很客气地迎接了他，没有一开口就提及租金的事，而是说她如何喜欢这个房子，称赞房东真有眼光，买的房子位置好，短短几年房价长了不少，随后又恭喜房东发财了。她还恭维房东管理房屋得法，不像有些房东看房客看得很紧等。史小姐本着“诚于嘉许，宽于称道”的原则对房东进行了一番适时赞美后才提出自己因为实在喜欢这间房屋，希望房东能按原来的价位继续租给她。

很显然，这位房东从来没有受过房客如此的尊重与款待，更没有听到房客说过如此赞美的话，有些不知道怎么办才好。最后房东说：“我也愿意有你这样一个爽快的房客，挣钱多少是其次，关键是看什么样的房客，像你这样通情达理的房客，我愿意按原价继续租给你，缺什么就跟我说，能配的我尽量给你配齐了。”史小姐终于达到了自己的目的。

假如史小姐采取其他房客的办法争取房东按原价继续租给她，一定不是现在的结果，而她采取了友善、赞美的方法，从而轻而易举地获得了成功。

确实，每个人都有自尊，都希望获得别人的尊重。那些尊重别人的人，能够建立良好的人际关系，能够获得别人的认可。而那些不尊重别人的人，会失去别人的支持，甚至会毁掉自己的前途。

一天，一位中年妇女带着一个小男孩来到一个花园里，坐在长椅上休息。这个花园位于一个国际知名集团总部所在的写字楼下面。而那个中年妇女是那家集团下属的一家公司的部门经理。她指着小男孩，嘴里喋喋不休地说个不停。可以看出，那个小男孩是她的儿子。

就在距离这位中年妇女和小男孩不远处，有一个人正在修剪灌木。他是一个老年人，满头都是白发。就在这个老人专心致志地干活时，那个中年妇女突然从随身携带的包里拿出一团卫生纸，将其丢在老人刚刚修剪过的灌木上。老人感到有些不可思议，就回头看了中年妇女一眼。发现老人在看自己，中年妇女满不在乎地与他对视。过了一会儿，老人默默地走到那团纸前，将它捡起来放到旁边的垃圾箱里。

不大一会儿，那个中年妇女又将一团卫生纸扔到刚才的地方。老人再次停下手中的工作，将卫生纸捡起来扔到垃圾箱里。就在老人拿起剪刀，准备开始工作时，那个中年妇女又把第三团卫生纸扔到了灌木上。老人又一次默默地把纸团放进了垃圾箱。此后，中年妇女又相继扔了六七个纸团，但老人一点儿也没有生气，只是把纸团捡起来放到垃圾箱里，之后继续修剪灌木。

中年妇女指了一下那个老人，对小男孩说：“你看那个修剪灌木的老人，他为什么只能做这样卑微的工作呢？这是因为他没有知识，当年没有好好上学。如果你不好好上学，将来也会跟他一样没出息的。”

老人实在听不下去了，就走到中年妇女面前，说：“这位女士，这里是集团的私人花园，除了集团的员工外，外人不可以进来。”

“我当然知道了。我就是这家集团下属公司的部门经理，这就是我的工作地点。”中年妇女趾高气扬地说道，同时从包里拿出一张证件，在老人面前晃了几下。

老人思考了一会儿，然后非常客气地对中年妇女说道：“请问能否把您的手机借给我用一下？”

中年妇女有些不情愿地掏出手机，递给了老人。她又趁机教育儿子说：“你看，他这么大年纪了，竟然连手机都买不起，这就是年轻时不好好读书的后果。所以你一定要努力读书。”

老人接过手机，按了几个数字，拨通了电话。打完电话后，他把手机还给了中年妇女。过了片刻，一个中年男人大步流星地向老人走来，之后非常恭敬地站在老人面前。老人用平静的语气说：“这位女士是集团下属公司的某部门经理，我觉得她无法胜任，建议将她的职务予以罢免。”

“我立即按照您的指示去处理这件事。”

老人走到小男孩身边，摸着小男孩的头，说：“孩子，我要告诉你，在这个世界上，无论你的身份和地位如何，都要尊重每一个人。”说完，他就缓缓地离开了花园。

中年妇女认出那个男人就是集团负责任免各级员工的部门经理，她不明白那个主管为何会对刚才那位老园丁如此恭敬。“刚才那个老园丁是什么人？你为什么要如此尊敬他？”

“他可不是什么老园丁，他是集团总裁詹姆斯先生！”

知道老园丁的真实身份后，中年妇女大吃一惊，一下子瘫倒在椅子上。

作为一个国际集团的主管，这位中年妇女并没表现出应有的素质，她连尊重别人这个最起码的素质都不具备。她在“老园丁”面前展现出盛气凌人的姿态让人反感。因为不懂得尊重别人，她被集团罢免了职务，失去了工作。有人会觉得这个妇女运气不好，不巧碰上了总裁。其实，这件事情并不是巧合，这个妇女没有尊重别人的素养，心高气傲，终究会从高处跌落的。

人们在日常交往中，必须要本着互相尊重的原则，只有尊重别人的人，才会得到别人的尊重。如果不尊重别人，那就很难获得别人的信任和支持。

尊重别人并不是一件困难的事情，从生活中的点滴做起，我们每个人都能成为一个尊重别人的人：在学校里，上课专心听讲是对老师的尊重；在食堂就餐，吃完饭后把餐具放到指定的区域，是对食堂工作人员的尊重；在寝室里，休息时间不打搅别人休息，是对室友的尊重；在职场上，对自己的领导不奴颜婢膝是对自己人格的尊重；对自己的下属不颐指气使是对别人人格的尊重……

总之，我们要在日常生活和工作中学会尊重别人，只有获得别人发自内心的肯定和喜爱，才能够拥有良好的人际关系。

宽容能使人和睦相处

宽容是处理人际关系的根本，心理学认为，人一旦拥有宽容之心，生活中就少了许多不必要的烦恼，还会产生强大的正能量，让我们的人际关系变得顺风顺水。

中国有句古语："冤冤相报何时了，得饶人处且饶人。"这句话本身就是一种宽容，体现了一种博大的胸怀。生活中，我们经常会遇到这样一类人：他们不懂得宽容待人，总喜欢斤斤计较，甚至睚眦必报，这类人通常会让人敬而远之，身边没有几个朋友。而那些豁达宽容的人，则懂得得饶人处且饶人的道理，知道这样才能构建一个相对宽松的环境，身边才会拥有众多的朋友。

蔺相如为赵国保住了"和氏璧"，又在渑池大会上为赵国洗刷了耻辱，深得赵王的赏识。从渑池回到赵国之后，赵惠文王便封蔺相如为上卿，地位在赵国大将军廉颇之上，这引起了廉颇的不满。

他愤愤不平地说道："我是赵国的将军，为赵国奋战沙场，出生入死，立下了汗马功劳。而蔺相如只不过是靠着能说会道，占了口齿的便宜罢了。但是，现在他的地位竟然超过了我。特别是处在这样一个出身卑贱的人之下，使我感到无比的羞辱，我如果遇见了蔺相如，一定要好好地羞辱他一番，出一出这口恶气。"

蔺相如知道这件事之后，深知如果与廉颇闹翻了，将对赵国的政局稳定产生十分不良的后果，于是便常常告诫自己的家人和门客不要去招惹廉颇。自己也尽量避免与廉颇见面。每到上朝的时候，蔺相如便推说身体不适，以避免与廉颇在座次尊卑上发生争执，使两人的矛盾激化。

可躲避毕竟不是长久之计，躲过初一却躲不过十五。没过多久，蔺相如带着家人外出，刚刚上路不远，便远远看见廉颇的车队迎头而来，旗帜飘扬，战马扬尘，好不威风。蔺相如见状，连忙下令手下人，调转车队回驰，以避免与廉颇发生冲突。

可是手下人不干了，一直以来的躲躲藏藏早已使他们感到不理解和窝火。他们不明白，身为上卿的主人怎么这么害怕还不如自己地位高的一个将军。

他们不约而同地拥到蔺相如的马车旁，七嘴八舌地嚷嚷开了："我们之所以离开亲人来侍奉您，跟随在您的左右，是因为我们都仰慕您的高风亮节，希望能在您的手下有所作为。可如今，您的所作所为使我们大为不解。请原谅我们的直言不讳。现在您与廉颇大人的官位尊卑相同，甚至在位次上还在其上。可廉大人数次口出恶言，污辱诽谤您，可您却一味地躲避他，害怕与他见面，好像确实有什么见不得人的事似的。您胆小得也太过分了，连我们这些平庸的人都感到不可忍受，何况是身为将相的尊贵之人呢。看来我们这些人确实不配再继续侍奉您了。我们这些人没出息，不能坦然自若地忍受这样的奇耻大辱，请允许我们离您而去吧。"

蔺相如问他们："你们看，廉将军和秦王相比，谁更有威严？"

家臣们回答："当然是秦王更威严。"

蔺相如说："像秦王那样的威严，我也敢在朝堂上大声呵斥他，难道我还会害怕廉将军？我只是考虑到，强大的秦国之所以不敢侵犯赵国，主要是因为有我们两人在。如果我们两个闹矛盾，就好像是两虎相争，必然两伤。我处处避免与廉将军冲突，并不是怕他，而是从国家大局着想，把私人恩怨放在后面。"

廉颇听说了这些话，就袒露上身，背上荆条，到蔺相如家里请罪。一见到蔺相如，他就惭愧万分地说："我这个浅薄小人！不了解将军胸怀的宽阔啊！"两人终于和好，结成了至死不渝的朋友。

这个故事中，如果蔺相如没有宽容待人的品德，与廉颇计较的话，他们两人早已发生冲突，不仅成不了朋友，还会使强大的秦国看到他们内部产生矛盾，乘虚而入，来攻打赵国。蔺相如的宽容待人让廉颇感到无地自容，认识到了自己的错误，并主动上门负荆请罪。

生活中，难免会与别人发生摩擦。当别人不小心踩到我们，不妨摆摆手，说声没关系；当别人无意弄坏了我们的东西，向我们道歉时，可以宽容地付之一笑……人生如此短暂匆忙，我们又何必把每天的时间都浪费在这些无谓的摩擦之中呢？学会宽容吧！做人如果能够宽容一点，人际关系就会变得更加和谐美好！那么，我们怎么能够做到宽容呢？

1. 不要要求别人都和我们自己一样

每一个人都是相对独立的个体，性格、爱好、要求均有所不同，我们不能让任何人都和我们一样。每一个人都有自己的生活方式，不要试图去改变他人，这种改变不但不能实现，甚至还会损害与对方的关系。

2. 不要吹毛求疵

世界上没有十全十美的人，也包括我们自己。然而现实生活中，我们常常以十全十美的方式去要求别人，当别人一旦不能达到我们所认为的完美之时，就会因此而心生不满，这种做法最终会导致我们与他人之间的情感关系出现裂痕，甚至反目成仇。所以，凡事不要吹毛求疵，更不要用苛刻的方式要求他人。

3. 不要怨恨

怨恨不仅会影响我们与他人的友情，还会严重地挫败自己，怨恨使我们被苦恼所束缚，会扰乱我们的思维，使我们头脑混乱，效率低下。其实怨恨别人常常是一种不公平的事，我们常常会错误地以为自己的过错要比别人轻微得多。这大概是由于我们了解自己所犯下错误的原因，于是就更容易原谅自己。那么当别人错待了我们的时候，不妨试着去站在对方的角度想想问题，也许就会谅解对方了！

言而总之，宽容大度的人，无论在任何地方都受人欢迎，人际关系也会如鱼得水。如果一个人整天只顾自己，只为自己着想，这样的人就是自私的人，身上自然缺少吸引他人的魅力，甚至会遭人讨厌，熟悉他的人都会躲着他，没有人愿意与他交往，而他本人的人际关系自然也就糟糕得一塌糊涂。

吃亏是福，斤斤计较伤人伤己

人际关系的好坏，与一个人的心理认知有很大关系。现实生活中，很多人喜欢计较在工作中多做了事情或者多帮了别人，认为就是吃亏，这就是心理认知的问题。这种错误的心理认知，对我们人际关系的发展没有任何好处，相反还会带来一些负面作用，别人会在心理上认为我们这样的人不值得交往。

其实，吃亏绝对不是弱智，而是大智。心理学认为，和不计较吃亏的人在一起，会让人不自觉地身心放松，没有太多警惕，这样就很容易能相互靠近。

有人问李泽楷："你父亲教了你一些什么样的赚钱秘诀?"李泽楷说，赚钱的方法他父亲什么也没有教，只教了他一些做人的道理。李嘉诚曾经这样跟李泽楷说，和别人合作，假如拿七分合理，八分也可以，那么只拿六分就好。

李嘉诚的意思是，吃亏可以争取更多人愿意与自己合作。想想看，虽然只拿了六分，但现在多了个合作人，他能拿多少个六分？假如拿八分的话，100 个人会变成 5 个人，结果是亏是赚一目了然。

李嘉诚一生与很多人进行过或长期或短期的合作，分利的时候，他总是愿意自己的利益少一点。如果生意做得不理想，他就什么也不要了，愿意吃亏。这是种风度、是种气量，也正是这种风度和气量，才有人乐于与他合作，他的生意才越做越大。

很多时候，吃亏是一种福分，是一种智慧。不管是做老板，还是做合作伙伴，我们主动吃亏，而旁边的人接受了我们的“谦让”，他不仅会一心一意与我们合作、跟着我们干，而且会因为感谢、感激，不断寻找机会还我们人情。

生活中，总以为吃亏是傻，占便宜才是精。可从来都是吃亏之人才心安理得，从不用担心有什么祸事，更不用担心被人报复，而占了便宜的人心里总是会有愧疚的。吃亏的人是有福之人，如果我们一无所有，别人哪有便宜可赚？正因为我们比别人拥有的多，别人才想占我们的便宜，吃亏的高境界是吃了亏坦然受之、欣然受之、不烦恼、不后悔。古人云：“吃得小亏，则不至于吃大亏。”好吃亏的人往往是越过越好的。

据说郑板桥弟兄俩经常通信，互通情感。忽然有一天，郑板桥收到了弟弟一封来信。信中说郑家想翻修老屋，连外墙也想翻修。而正碰上郑家与邻居的房屋共用一墙，邻居非说那墙是他们祖上传下来的，而不是郑家的，郑家无权拆墙。而弟弟郑墨却说其实早先就有两家的契约了，上面写得明明白白说那堵墙是郑家的，而是邻居借光盖了房子。为了这堵墙，郑墨与邻居将官司打到县里，可是县里至今也尚无结果。郑墨越想越生气，感觉太受人欺负了，明明这墙就是自己家里的，为什么还要听人指挥呢？于是就想到了在外做官的哥哥，自觉得有契约在，再加上哥哥出面说情，这官司就必赢无疑了。

郑板桥看了信后，觉得很不自在，考虑再三，给弟弟写了一封劝他息事宁人的信，同时寄去了一个条幅，上面写着“吃亏是福”四个大字。

郑墨接到信羞愧难当，当即撤了诉状，向邻居表示再不相争。那邻居也被郑家兄弟的一片至诚所感动，表示也不愿意继续闹下去。于是两家又重归于好，仍然共用一墙。

至今在湖南洪江古商城青石板巷塘冲 1 号的古窨子屋墙壁上，还有郑板桥的一段赠语写于壁联上。题头写的是："吃亏是福"。郑板桥决定劝说弟弟让出墙的时候，看起来是吃亏了，无缘无故的自家的墙没有了，可实际上是谦让出一份生活的安宁。而邻居得到了墙，看似是赢了这场争论，却输了一份谦让，于此自责，便又决定让出这面墙来。

佛教讲：吃亏的真实意义在于，吃亏可以消灾免祸，化祸为福。闽南语有一句俗谚说："佛祖疼憨人。"尽管如此，但大多数的人仍然喜欢讨便宜，而不喜欢"吃亏"，他们宁可让别人吃亏自己也不能吃亏。既然没有人愿意吃亏，那么经常占人便宜的人，毋庸置疑的，必然是不受欢迎的人。因此，我们在处理人际关系时要不怕吃亏，吃亏不但是待人处事最讨巧的方式，也是维护人际关系的窍门。

热情的人，到处受欢迎

心理学认为，热情的人内心中燃着一团火，能够释放出光和热，可以温暖周围的人，感动周围的人，有利于人际关系的发展。这样的人，无论走到哪里，都会受到欢迎，都会与人和睦相处，与人建立起良好的关系。

有三个人曾经做过一个简单的游戏，游戏的要求是，把所见过的性格最好的朋友的名字写下来，然后写出选择的原因。结果很快就公布出来。

这三个是美国一家知名刊物的记者，他们走南闯北，见多识广，然而让人想不到的是，这三位记者竟然选择的是同一个人。

第一位记者选择他的理由是："他热情开朗，他的热情能够感染周围的人，让周围的人也随着他变得热情起来。每次只要进入他的房间，总会给人一种心情舒畅的感觉。”

第二位记者选择他的理由是：“无论在何种场所或做任何事情，他都全力以赴，竭尽所能地把该做的事情做好。”

第三位记者选择他的理由是：“和他在一起，总觉得身体的每一个细胞都保持着充沛的精力。”

这个人就是澳大利亚墨尔本市的一位律师，正是他的热情，让三位记者共同选择了他。

一个极富热情的人，他的热量足以制造“高温环境”，让人注目并使人亲近。相信他定能凭这份“本钱”建立起良好的人际关系，从而在事业上大展宏图。

于辉是一名普通的小区保洁员，他每天不辞辛苦地工作，也从没说过累，更重要的是，他这个人很热情，在小区里是出了名的“热心人”，不管谁有困难，只要他看到了，就会毫不犹豫地上前帮忙。

一次，周大妈从菜市场回来，拎着好多新鲜的蔬菜水果，于辉看到了忙笑着上前帮忙，说：“您年纪大了提不动，我来帮您吧！”周大妈十分感激他，从此之后每次见到小于都要亲切地和他打招呼。

小军是个智障儿童，一次自己出来找不到家了，于辉热心地帮助他，让他安全回到了自己家。小军的父母十分感激于辉，直夸他是个“活雷锋”。

于辉的热情在整个小区是出了名的，人们见了他都会亲切地与他打招呼，他也会微笑着回应，他的热心给人们留下了良好的印象。

于辉的好人缘与他的待人热情有直接的关系，大家都愿意交他这样的朋友。

待人热情是成功社交的关键，很多人之所以看起来冷冰冰的、不热情，关键是他们对他人不感兴趣，对人对事提不起劲头来，而如果没有兴趣和热情，就会对很多东西自动排斥，很多信息就自动屏蔽。同样是听人家讲话，有的人听得很专注，记忆深刻，有的人似听非听，过后一点印象都没有。同样到一个地方，有的人留意到了很多细节，有的人头脑里一片空白，未曾留下任何印象。从表面上看是洞察力、注意力不好，而从深层次上看是缺乏热情的表现。

以人为本，关键就是要待人热情，这不仅仅是礼貌问题，实际上也是一种人生态度问题。热情是一种积极、乐观、向上的人生态度，它会令你在社交中广受欢迎。那么，我们在维护或扩展人际关系时，该如何做到积极热情呢？

1. 怀抱积极的心态，在人际交往中，主动去结识他人

每一个人都有自己的圈子，在这个圈子内，可能你是一个精英型的人物，然而，一旦提到交际圈外可能会感到陌生、别扭。因而，也就有很多人一遇到陌生的面孔就显得过分羞涩、窘迫，甚至躲得远远的。要知道，一个人想要拥有良好的人际关系不是坐等而来的，更多时候需要你能够把握住机会。在社交场上放松心情，主动去结识每一个人，这样才能为自己争取到更多的机会，也才可能与对方熟络起来。

2. 社交活动中，要发挥你的热情，才能够给对方留下完美印象

要知道，能够主动结识朋友，只是你打开成功交际的第一步，如何能够在接下来的时间内感染对方，才是最重要的。这里有一个技巧，就是尽情发挥你的热情，去感染身边的每一个人。其实，热情是一个人发自内心的兴奋，并扩充到整个身体里。人际交往中，一个满腔热情的人，他的兴趣、爱好、为人和性情都能从他的姿势、眼神和活力中体现出来，还可以让周围的人也感受到我们对这次见面、谈话发自内心的喜爱。热情还可以感染周围的人，一个充满热情的人，可以让身边的每一个人觉得和她在一起很快乐。因而，如果你想要在社交活动中拥有良好的人缘，就尽情发挥我们的热情吧！

用乐观维护人际，人生才有快意

积极的人像太阳，照到哪里哪里亮；消极的人像月亮，初一十五不一样。我们每个人都喜欢与积极、乐观、上进的人在一起，用比较潮的话说：他们能随时给我们"打鸡血"，让我们对生活充满信心。而消极的人就像一根针，随时在给我们这些本来很饱满的气球泄气，和他们在一起，我们根本看不到人生的出路。两相比较，大多数人都会选择和积极乐观的人交往，因为他们就像能发光的磁铁一样，吸引各种各样的人。

古时候，一位书生进京赶考，考前在一家客栈住的时候，连续三晚，做了三个不同的梦：第一个梦是自己在墙上写字；第二个梦是自己穿着蓑衣还打着一把伞；第三个梦是跟一个美女睡觉，却背靠着背。不知梦意如何，书生感到很不心安，于是上街找算命先生解梦，听算命先生一讲完，书生立刻像泄了气的皮球一样。算命先生这样说："你这次考试没戏了，你看：墙上写字，不是碰壁？穿蓑衣还打伞，不是多此一举？跟美女睡觉却背靠着背，这不就是没戏?!"书生失落地回了客栈，还没开考就收拾行李，准备打道回府。结果被掌柜拦住了，一问缘由，书生懊恼地说了一遍，掌柜说："好梦啊！墙上写字，说明你高中！穿蓑衣还打伞，说明你这次是有备而来！跟美女睡觉却背靠着背，这不正是你翻身的时候到了吗?!"

书生闻言，信心大增，考试起来如鱼得水，一举中了进士！

这位书生正是在人生最关键的时刻，在他人的帮助下及时调整了心态，乐观地去应考，才走上了成功之路；如果当时他仍坚持自己的消极心态，其人生之路，肯定就是另一种结局了。

人的行为是由他的心态所掌控的，拥有什么样的心态，就有什么样的结果。人的心态完全由自己来调控，从这个意义上讲，人的不同人生，也就是由他的心态所决定的。曾看过这样一个故事，让人深受启发：

雨后，一只蜘蛛艰难地向墙上已经支离破碎的网爬去，由于墙壁湿滑，它爬到一定的高度，就会掉下来，它一次次地向上爬，一次次地又掉下来……第一个人看到了，他叹了一口气，自言自语："我的一生不正如这只蜘蛛吗？生活忙忙碌碌而无所得。"于是，他日渐消沉。

第二个人看到了，他说："这只蜘蛛真愚蠢，为什么不从旁边干燥的地方绕一下向上爬？我以后可不能像它那样愚蠢。"于是，他变得聪明起来。第三个人看到了，他立即被蜘蛛屡败屡战的精神感动了。于是，他变得坚强起来。

世间万事万物，可用两种心态去看它：一个是正的、积极的，另一个是负的、消极的。这就像钱币的正反两面一样，该怎么看？这一正一反，就是心态。它完全取决于你自己的想法。乐观的心态可使人欢快进取，有朝气，有精神。消极的心态则使人沮丧，难过，没有主动性。

其实，积极乐观的人如同一块磁铁，他们随时都会吸引陌生人的眼光。正像心理学家赛伯·贝利所认为的那样，积极主动是一个人受欢迎的关键所在。"心理学家称之为情绪感染。"他说，"那些讨人喜欢的人很擅长表达情绪，特别是积极的情绪。"

程苑就是一个生活态度积极乐观的人，就因为她的这种性格，大家送了她一个外号"开心大姐"。周围的朋友谁有什么不顺心的事儿都会第一时间想起她。她的口头禅就是："哥们儿，没啥大不了的，这些总会过去。”

一次，朋友小莫失恋了，便找程苑哭诉。程苑见她的两只眼睛已经哭肿了，便安慰她说：“哥们儿，不就是失恋了吗？没啥大不了的。世上男人多的是，咱不用在一棵树上吊死，还有好的在后面等你呢，你总得给人家一个机会吧。再说是他不爱你了，他失去了一个爱他的人，这是他的损失。而你心中还有爱，你并没有失去什么。哥们儿，信我的，这一切总会熬过去的！”

小莫听了这一番话，心中的结解开了不少。接下来的日子，她经常找程苑出去散心，一起聊天。半年后，小莫终于走出阴影，开始了新的恋情。

只要和程苑在一起，大家通常会欢声笑语，用程苑自己的话说，“大家在一起图个啥，人活着不就图个乐呵吗？”因此，她的朋友圈越来越大，有越来越多的人被她吸引到了身边。

程苑确实是一位“开心大姐”，能与她为友，也算是我们的幸运。但我们不能总是指望别人为我们带来正面的影响，我们也要学会用正面的、积极的心态去影响和吸引他人，这才是与人交往的王道。

怎样才能让自己变成一块积极乐观的“磁石”呢？最主要的是，要产生正面的“接纳预期”，即相信别人一定会喜欢我们，这样我们才会更自然地释放正面能量去影响他人。记住，大家千万不要产生负面心理，即在交往前，就预期别人会拒绝我们，这样就会不自觉地表现出冷淡和防备，其结果往往是我们真的被拒绝了。而这时，悲观者可能就会自言自语：“我就知道他们不喜欢我。”其实这只是我们错误地给自己设定的结果罢了。

当突破了这一心理防线后，接下来要做的就是修炼自己的心态，与人交往时尽量保持主动、积极、乐观的态度。要知道这些情绪是开放式的，会释放出强大的幸福、快乐感，从而让对方与我们相处时，心情愉悦，产生长期交往的冲动而不能自拔。

法国作家罗曼·罗兰曾说："一个人如能让自己经常维持像孩子一般纯洁的心灵，用乐观的心情做事，用善良的心肠待人，光明坦白，他的人生一定比别人快乐得多。"的确，积极的心态不仅让我们的人生充满光明和温暖，也让我们在社交中魅力四射，把别人紧紧地吸引在自己周围，从而成为社交圈里的红人。

亲和力能帮助我们广结人缘

要想拥有良好的人际关系，亲和力从中起到至关重要的用。试想一下，如果用一句话来形容一下身边的那些人缘特别好的人，我们会选择一句什么样的话呢？相信相当一部分人都会这样说："他很有亲和力，不管男女老少，都乐意与他打交道。"是的，人缘好的人大部分都是因为有很好的亲和力。这是很简单的道理，几乎所有人都懂。这也正是"亲和效应"的主要内容："亲和力"是人际交往的一大主要因素，那些人缘较好的人，大都是因为有较强的亲和力；没有亲和力的人，肯定不会有好的人缘。

张女士经营着一家化妆品公司，生意做得风生水起，下辖好几个门店，员工近百人。她能够有今天的成绩，是从化妆品推销员一步步做起的。由于此前在销售上做了许多年，更能理解一线员工的不易，所以，她当上老板后，非但没有摆老板的架子，反而与员工打成一片，视她们如亲姐妹，谁家有个困难或者出现意外情况，她都会第一时间冲在前面，与当事者一起共渡难关。然而，作为老板，张女士也有自己的底线，就是不允许公司内的员工用其他公司的产品。对于这一情况，下属表示理解，并给予配合。让人没想到是的，新来的前台周小姐却破坏了规矩。那天，周小姐补妆后，没有及时将自己的化妆品收起来，恰好被张女士看到。

周小姐刚到公司，同事就给她介绍了老板不喜欢员工使用其他公司化妆品的规矩。周小姐发现被老板看到后，吓得赶紧把化妆品收了起来。张女士走到周小姐身边，把一只手搭在她肩膀上，微笑着，用轻松的口气说道："美女，你使用的化妆品不是我们公司的吧。"周小姐浑身汗毛直立，没敢出声，不住地点头称是，心想："这次被老板逮个正着，挨批是小事儿，说不定……"想到这里，周小姐不敢想下去了。

出乎意料的是，张女士并没有冲周小姐发火，抬起手拍了拍她的肩膀，什么也没说，转身离开了。更让人想不到的是，第二天，张女士将一套化妆品送给周小姐，说："其实我们公司的化妆品不比其他公司的差，你先试试，假如在使用过程中，出现不适或皮肤过敏，请及时告诉我。"

张女士的行为，让周小姐非常感动。她在使用一段时间后，将自己的体验告诉了张女士。

就这样，公司所有的新老员工都有了一整套本公司生产的、适合自己的化妆品和护肤品。张女士亲自做了详细的示范。她还告诉员工，以后员工在购买公司的化妆品时可以打折。张女士亲和的态度，友善的口语表达，使她自然地与员工打成一片，成功地灌输了她正确的经营理念。亲和力易于消除人与人之间的隔膜，进而使传达者有效地把自己的思想传递给被传达者。

显然，张女士是一个具有亲和力的女士，这让她赢得了下属们的好感。人与人之间的交流中，亲和力是最重要的。我们在建立和谐人际关系时，千万不可把自己束之高阁，对周围的人爱答不理，或是瞧不起某些地位比较低的人。我们应学会善待别人，尽量做到亲切温顺，让别人觉得你是个随和可亲的人，这样你就更能融洽地和别人相处。如果你想成为一个有亲和力的人，就应该对所有人一视同仁，用甜美的微笑去感染周围的每一个人。可以从以下几方面着手：

1. 像对待亲人一样对待周围的人

我们生活在一个复杂而又充满友爱的社会里。所谓复杂，就是每一个人都有自己的想法和对问题的看法；所谓友爱，则是指每一个人都有爱心，都愿意奉献自己的爱心。如果我们能将他人当作亲人一样对待，他人也会把我们当作亲人一样去对待。

2. 让对方从内心里笑起来

只有让别人从心里接受我们，才能喜欢我们。因此，我们可以对他人微不足道的优点予以夸奖，或是向对方赠送他喜爱的礼物，再或是与人聊天时多说说小笑话，这些都能增进人与人之间的亲密度，并给人留下好印象，从而提升我们的亲和力。

3. 利用暗示指出别人的缺点和不足

对于别人的缺点和不足，大声地宣扬出来对我们来说可没有什么好处，即使是一番好心也会遭人厌恶。因此，当要指出别人的缺点和不足时，不妨通过含蓄、委婉的暗示方法。这样不但能减少生活、工作上的摩擦和不快，还会使我们与他人之间的关系变得更加和谐。

4. 利用赞美拉近彼此距离

任何人都喜欢听赞美之辞，因此良好关系的建立和保持一定离不开赞美，因此学会用欣赏的眼光经常去赞美身边的人。

5. 学会用沟通打开别人的心扉

大多数情况下，人们对事物的认识常常只停留在自己的理解层面上，他们在发表自己的想法时很容易忽视或排斥他人的意见。因此，要想提高自己的亲和力就要学会多与人沟通，多让自己了解别人的想法，这样才能拉近彼此间的距离。

6. 对处于困境中的人要伸出援手

人的一生不可能一路顺风顺水，总会经历这样或那样的困境。当我们身边的人处于困境之中时，及时伸手帮对方一把，对方会对我们心存感激，并对此念念不忘，继而会对我们产生良好的印象。

7. 差错效应可以让对方觉得我们易于接近

我们偶尔犯一些无伤大雅的小错误，不但不会让人觉得愚蠢，反而会让别人更愿意接近我们。因为不会犯错的圣人总是给人高高在上的感觉，而常常犯小错的凡人则会给人一种亲切的感觉。

谦逊低调更容易让人接受

人们一般都更喜欢谦逊的人，这是人寻求地位平衡的心理在起作用。在内心深处，每个人都不希望自己被别人比下去，都不希望被别人忽略。因此，高傲、目中无人的人，往往会让人觉得反感，低调谦虚的人则更受欢迎。

生活中，如果总以强硬姿态示人，处处显现自己的优越，总是觉得自己比别人强，处处显摆，别人就会反感，觉得被我们轻视了，而且容易产生一种逆反心理，想要打击我们，让我们的自信和强硬受到挫败。这种情况下，做事的时候很可能会遇到障碍和挫折，人际关系也会变得一团糟。

日本某矿业公司的总裁性格急躁，工作急于求成，平时又不善言辞，以致被职员们认为是一个不讲人情的上司，大家对他更是敬而远之。他在公司里一度很被动，工作难以开展。

有一次，召开年终总结大会，全公司的领导都出席了。会上大家都为本年度取得的好成绩而高兴，于是，公司总裁的秘书提议：为了使气氛达到高潮，准备把一个分公司的副经理抛到喷泉的池子中去。总裁同意了这个提议，但是先要和董事长打个招呼。董事长表示这样做不妥，决定由他自己——公司最高管理者，在水池中来一个“旱鸭子戏水”。

董事长转向大家：“我宣布大会最后一个项目就是‘旱鸭子戏水’，请各位注意了，此项目将由我来完成。”于是他跳入喷泉池中，游起泳来，引得参加会议的几百人哄堂大笑……

事后，总裁问董事长：“那天您为什么亲自跳下水池，而不叫副经理下去呢？”

董事长答道：“让那些职位低的人出洋相，以博得众人的取笑，而职位高的人却高高在上，端着一副架子，使人敬畏，那是最不得人心的了。”

总裁听后，羞愧地低下了头。

董事长放低身段，表现出低调谦逊的一面。他在活动中与员工打成一片，这其实并没有让员工低看，反而更能赢得员工的信任。在社会交际中也一样，无论你的地位有多高，要想得到别人的尊重，就必须低调谦虚，这样才能使对方与我们更加和谐地相处。

因此，我们在为人处世方面，一定要保持低调谦虚的姿态。对于大多数成功者而言，这是处理好工作与生活的不二箴言。我们必须明白，人与人生来本就是平等的，任何人都没有高人一等的资本。之所以所处的位置不同，是因为事业上的差距。这就已经说明一个人的高人一等的优越性是通过事业表现出来的，而很多人在事业上一旦成功，就会在生活中也变得趾高气扬，不可一世，横行霸道，将别人踩在脚底，每天摆出“高人一等”的姿态。这样的人迟早要碰壁。

于东东大学毕业之后进入一家私营企业工作，他不仅能力突出，平时也很勤奋，总经理对他非常器重。不到两年时间，他就做到了总经理助理的位置。而且尽管名义上他是助理，很多时候说话却比部门经理更有分量。

这一切的一切都让于东东有点飘飘然，有一次年终聚餐，于东东喝了点酒，说话也就不是很注意：“大家都看见了吧，我的业绩最好，公司要是没有我……”这时，于东东没有注意到，几个部门经理的脸色非常难看。

没多久，于东东的话就传到了总经理那里，而由于各个部门非常不配合他的工作，于东东平时做什么事情都显得非常吃力，常常完不成日常任务。在两个月之后，公司以一个莫须有的罪名请于东东离开了。

真正有内涵、有实力的人通过出色的能力取得傲人的成绩，从而在事业上“高人一等”，收获鲜花和掌声；却又在生活中摆出“低人一筹”的姿态，不开罪于人，不放松自我的修炼与提升，从而收获真挚的友谊和他人的肯定。

很多人取得一点点成绩就沾沾自喜、颐指气使、飞扬跋扈，仿佛自己高人一等一样，最后却因为丧失大家的支持而失败。而那些保持低调的人，虽然不显山不露水，但是过了一段时间以后，所有人都会发现他们取得了令人意想不到的成就。他们之所以能够获得大家的喜爱和认可，主要原因是他们以能力和成就服人，以低调的人格魅力吸引人，这样的人何愁做不成大事呢？

苏格拉底是古希腊著名的哲学家。有人曾问苏格拉底：“你是天下最有学问的人，那么你说天与地之间的高度是多少？”苏格拉底毫不迟疑地说：“三尺！”那人笑了：“先生，除了婴儿之外，我们每个人都有五六尺高，如果天与地之间只有三尺，那不是把苍穹都戳破了？”苏格拉底也笑了：“是啊，凡是高度超过三尺的人，如果想立于天地之间，就要懂得低下头来。”

苏格拉底用非常幽默而形象的语言告诉我们，不论做事情，还是做人，都要学会低下那高高昂起的头，学会谦虚，学会低调，学会礼让，只有这样才能赢得别人的爱戴，赢得自己理想的人生。

富兰克林是美国开国元勋之一，他在年轻的时候，就在一次经历中学会了低头。有一天，他去一位老前辈的家中做客，昂首挺胸的他，走进一座低矮的小茅屋，刚一进门，只听“嘭”的一声，原来是他的额头撞在门框上，额头上青肿了一大块。老前辈笑着出来迎接说：“很痛吧？你知道吗？这是你今天来拜访我最大的收获。一个人要想洞明世事，练达人情，就必须时刻记住低头。”

富兰克林记住了“记住低头”这四个字，在漫长的成长道路上，他凡事都表现得非常谦和，总是能在取得成绩的时候，很低调地自我鼓励，因为有这样一份思想，才成就了这样一位伟大的政治家。

因此，在处理人际关系时，我们要牢记把姿态放低，谦逊一点，经常赞美别人，收敛自己的光芒。朴实低调，他人就愿与我们相处，认为我们亲切、真实、容易相处；谦逊顺从，对方的虚荣心得到满足，会认为与我们很合得来；有时候表现出愚笨一点儿，别人就愿意帮助我们……总之，给人低调的印象之后，更容易占据心理优势，别人就愿意接近我们，我们的人际关系就会变得一路顺畅。

有涵养，人际关系就能达到一个高度

所谓涵养，心理学上指人能控制自身情绪的修养功夫。美国作家爱默生说：“涵养，可归结为道德情操问题，是人修养的本质。”宋代学者朱熹也有言：“平日庄敬涵养之功至，而无人欲之私以乱之。”这是朱熹以静制动的说法，意思是只要平时庄重恭敬的功夫做到家了，就没有人能左右我们的情绪，就是告诫人们要以静制动，以泰然的态度化外界的干扰于无形。

陈女士是同事中出了名的好人缘、好脾气，她以前可不是这样。

她说：“以前我是个脾气很急躁的人，时常因为压力和不顺心而大发雷霆，即使在家人和同事面前，也都像个定时炸弹，这让我自己和身边的人都很痛苦。”

“那是什么改变了你呢？”

“是我经历的一件事吧。”陈女士娓娓道来，“我曾经因为觉得已经无法负荷生活和工作的重压而决定去旅行。然后我来到一个很美的欧洲小镇，在一个小酒馆里，我见到了这样的一幕：一个服务生因为一位阿拉伯女士而不小心打翻了盘子，在当地，人们对阿拉伯人是有歧视的，因此服务生将错误都推到了那位女士身上，怒气冲冲地对她大加斥责。

“可是在整个过程中我注意到，那位被横眉怒指的女士始终没有还口，而是静静地看着服务生，凛然之气有目共睹。在这种气场之下，服务生终于渐渐闭了口，随即因自知理亏而面红耳赤。虽然是一件小事，却让我见识了什么才叫真正的涵养。

“重新回到工作中以后，每当濒临失控边缘的时候，我都会提醒自己想想那位阿拉伯女士，她是我的榜样……”

《道德经》中有云：“上善若水，水善利万物而不争。处众人之所恶，故几于道。”在上述故事中，我们看到一个人在面对敌意时，其泰然处之的态度是最具有震慑力的，这就是个人涵养的力量。

法国作家拉罗什富科曾说：“一个人如果内心总不平静，他到哪里也得不到安宁。”平静是对事物的温和态度，无论对方如何挑拨和诋毁，我们都不为所动，内心坚定，“以柔克刚”如太极之精妙。

有位智者带领学生来到一个几乎与外界隔绝的地方，这位智者发现生活在这儿的人们身上有许多恶习，他决定帮这些人改掉恶习。

当智者指出这些人的恶习后，不但没有得到他们的认可，反而遭到他们的污蔑和攻击，说智者和弟子是一群不怀好意的人。智者不为流言蜚语所动，依旧按照自己的方式，引导这些人，希望他们早日改掉恶习。

当时，有位女人也很讨厌从外地来的智者及弟子们。怎样才能将他们赶走呢？女人左思右想，突然想出了一条妙计。

这天，智者准时出现在集市上，这位女人挺着大肚子来到智者面前，一把揪住智者的衣服，说：“你这个道貌岸然的家伙，把我的肚子搞大了，你想怎么解决？”

这简直是一个爆炸的新闻，众人将智者及弟子们团团围住，指责智者的“丑恶”行为。

这明明是在向老师泼脏水，弟子们不干了，打算向围观者证明老师是清白的。智者微微含笑，坦然面对，阻止了弟子们。

这位“怀孕”的女人不依不饶，纠缠着智者不放。智者上下打量女人一眼，说：“请你认真说话，你真的怀孕了吗？即便你怀孕了，真的与我有关吗？”

“这还有假吗？”女子指着大肚子一边让众人看，一边反问道：“不是你，难道还是其他人吗？”

智者不再理会她，依旧微笑着，抬腿向前走。“你不能走，必须给我一个说法。”女人拽着智者的衣服，紧紧跟在后面。刚走出几步，啼笑皆非的事情发生了，女人的肚子一下子瘪了下来，一时间她的谎言不攻自破。原来，女人为了诬陷智者，在自己的肚子上扣了个盆子，装出怀孕的样子。由于盆子表面光滑，不小心从衣服里滑落到地上。

正当围观者惊讶不已之时，智者对那位满脸尬尴的女人说：“这就是你身上存在的恶习，难道不需要改正吗？”

女人听后，羞愧不已。

通过以上的例子我们看到，坚定泰然的人在面对不怀好意时，往往不为所动，正如美国心理学家科胡特所说“不含敌意的坚决”。能做到这一点的人往往是自信强大的，他们有自己的原则和信仰，相信自己和自己所做的事，对莫须有的诋毁和敌意皆抱坦然无惧的态度，最终会令人折服于自己的涵养之下。

明代哲学家、军事家王阳明一生最大的军事功绩是平定宁王宸濠之乱。然而，更严峻的考验却是在平叛之后。当时，江彬为了滋事，命爪牙张忠领军去王阳明属地，每天派人在其家门前大肆辱骂，企图激怒王阳明。

王阳明并没有与这支队伍对战，反而极尽善待，衣食看病，样样都不含糊。最后这支队伍拒绝了张忠的指使，化解了对王阳明的敌意。

王明阳有句名言：“此心不动，随机而动。”意思就是说，我的心不被外界影响，能够不为所动，但是我能理解外界所想，于是能采取相应的行动。

在维护人际关系时，面对挑衅和恶意能够不为所动自然是好事，然而，好的涵养并不代表就要一味退让。涵养还表现在，面对敌意和侮辱时能够拿捏得当，不畏缩、不妥协，也不口出恶言。

周总理的外交生涯中有不少为人称道的故事。一次，有个美国使团访华，其中一名官员当着总理的面说：“中国人很喜欢低着头走路，而我们美国人却总是抬着头走路。”此语一出，语惊四座。只见周总理不慌不忙地微笑道：“这并不奇怪。因为我们中国人喜欢走上坡路，而你们美国人喜欢走下坡路。”

何其精妙的回答！温和儒雅的周总理以“以柔克刚，借力打力”的方式给了美国人有力的还击，维护了我国人民的尊严。

泰然处之的涵养，并非刻意忍让，而是表明一种态度，正气凛然，不可侵犯。心理学上说，当被他人的敌意影响时，我们可能本身也对对方有了敌意。因此，真正的泰然是无畏则刚，是内心自有坚持。以我之微笑还他人之怒目，令对方感到无趣和自惭形秽，才是不战而胜的上上之法。

和为贵，巧妙化解与他人的矛盾

人与人之间出现矛盾很正常，同事之间出现矛盾更为正常，但是矛盾之所以会阻碍顺畅人际关系的建立，是因为人们经常不能理性地面对矛盾，往往把注意力放到怎么才能保住自己的面子，怎么才能证明自己是对的、对方是错的。这样一来，人们就不会想到怎么去解决矛盾，而是为了一些没有意义的问题争论不休。矛盾在争论中只会继续加剧，最终影响人们之间的关系。所以，当矛盾产生时，不要急于去争吵，要理性地分析，巧妙地化解，不使矛盾成为彼此之间交往的障碍。同事之间要以和为贵，处理好彼此间的矛盾可以打造和谐的人际关系，可以营造良好的工作氛围，无论对于个人还是公司都是有益的。

宋代有个叫韩琦的人，曾同大名鼎鼎的范仲淹一道推行新政，北宋时长期担任宰相职位。

他镇守大名府时，有人献给他两只出土的玉杯，这两只玉杯表里毫无瑕疵，是稀世珍宝。韩琦非常珍爱，送给献宝人许多银子。每次韩琦大宴宾客时，总要专设一桌，铺上锦缎，将那两只玉杯放在上面使用。可是，有一次在劝酒时，一个官吏不小心碰到了杯子，一下摔了个粉碎。在座的官员惊呆了，碰坏玉杯的官吏也吓傻了，趴在地上请求治罪。韩琦却毫不动容，笑着对宾客说："大凡宝物，是成是败，都有定数的，该有时它献出来了，该坏时谁也保不住。"说完又转过脸对趴在地上的官吏说："你偶然失手，并非故意的，有什么罪呢？"

这番话说得十分精彩！玉杯已经打碎，无论怎样也不能复原，责骂、痛打一顿肇事者，将平添一个仇人，众位宾客也会十分尴尬，好端端的一场聚会便不欢而散，也会大大有损自己的形象。而韩琦此言一出，立刻博得了众人的赞叹，而肇事者对他更是感激涕零，恐怕给他做牛做马也心甘情愿了。

元代吴亮在谈到韩琦时说："韩琦器量过人，生性淳朴厚道，不计较疙疙瘩瘩一类的小事。功劳天下无人能比，官位升到臣子的顶端，但不见他沾沾自喜；经常在官场的不测之祸中周旋，也不见他忧心忡忡。不管在什么情况下，他都能做到泰然处之，不被别的事物牵着走，一生不弄虚作假。被重用，就立于朝廷与士大夫们公平议事；不被重用，就回家享受天伦之乐，一切出自真诚。"

韩琦一生处于危险之地，而又一直立于不败之地，这是为什么呢？正如他自己所说的："天下之事，没有完全尽如人意的，一定要用平和的心态去对待。"这就是韩琦处世高人一筹的秘密。

中国人就是喜欢“和”字。“以和为本”、“人和为宝”、“和气生财”，如果没有和气的人际环境做基础，一个人是不可能在社会上立足的。《易经》就非常强调“和”字的重要性，所谓“天时地利人和”，则深刻地表明了“人和”对于做人的重要价值。

所以，平时要以和为贵，用一颗真诚善良的心对待同事。在遇到矛盾时，不管是哪一方让一步，用一颗宽容的心去感化对方，双方自然而然就会化解矛盾，最终获得和谐的人际关系。

小陈和小王是同一家保险公司的客户经理，两个人的业务水平都很高，工作都很认真。但是小陈的业绩总是比小王高出一大截，这让小王很是不快，逐渐地小王开始在心里把小陈作为对手，时间长了，这种敌意开始外露。小王会抓住小陈的各种失误来借机讽刺小陈，或者经常莫名其妙地给小陈出难题。小陈逐渐发觉了小王的敌意，于是主动约小王一起吃饭。通过与小陈的接触，小王了解到小陈家境很差，经济负担很重。了解到这个情况后，小王对自己的不友好行为羞愧万分，于是他们重归于好，矛盾被化解了。

可以看出小陈是一个宽容大度的人，他主动化解由于误会产生的矛盾，使同事之间的关系变得融洽，这是值得人们学习和借鉴的。平时遇到别人的误解时，一定要与其进行良好的沟通，这样才能化解彼此间的矛盾。如果碍于面子而与其较劲，那么彼此之间的误会就会加深，矛盾也会随之加深，这样不但会影响双方的关系，也会影响工作。所以，不妨像小陈一样，用真心融化矛盾，与同事和谐相处。

矛盾产生的原因有很多，或者是误会，或者是一些其他的原因，但是矛盾解决的方法也有许多，只要我们用心去寻找，矛盾终将被化解。当矛盾产生时，首先要理性地分析矛盾产生的原因。发现问题的症结所在后，就要主动采取化解矛盾的行动，可以采取直接的，也可以用间接的，总之要达到沟通化解矛盾的目的。这样一来，同事间的感情就会加深，关系自然就会融洽，工作也会充满激情。所以，在工作中，要以和为贵，处理好同事间的矛盾，营造融洽的工作氛围。

第六章
赢得支持：牢牢拴住对方的“心”

社会就是一个大舞台，给每一个人都提供了均等的机会，有的人在这个大舞台建立起良好的人际关系；有的人则感慨人情冷暖，身边缺少朋友。其实，一个人要想赢得他人的支持，把对方纳入到自己的人际关系圈子中，最好的做法就是留住对方的心。

信任是获取支持的基础

1958 年，美国的心理学家德斯彻将信任研究引入心理学领域。人际信任被认为是由个人价值观、态度以及情绪共同作用的产物，是一系列的心理活动。

信任是人与人之间交往的基础，双方只有相互信任，才会消除戒备心理，才能真心诚意地相互支持。因此，我们要想扩展自己的人际关系，要想得到别人的支持，关键在于信任别人，并赢得别人的信任。

迈克因为家庭暴力被判入狱两年。出狱后，他又因为用语言恐吓女人而遭到警察逮捕。那些认识他的女人，只要一听到他的名字就会被吓得胆战心惊。迈克想找一份工作，过正常人的生活。可是，由于有犯罪前科，他遇到了很多困难，没有哪家公司愿意雇用一个经常殴打女性的暴力男。此外，他还成了妇女保护组织的重点照顾“对象”，经常有妇女保护组织的工作人员来找他，询问他是否交上了新女朋友，并警告他，如果敢再对女性使用暴力的话，就会再次把他送进警察局。在那段时间里，迈克简直快要崩溃了。

一个偶然的机会，他在酒吧认识了一个女孩，从此他的人生出现了重大转折。那个女孩名叫康妮。她在酒吧遇到了迈克，并与迈克进行了短暂的交流。

在谈到康妮时，迈克羞涩地说道：“在第一眼看到她时，我就觉得她对我来说非常重要，是我一辈子需要的女人。在她身上，我发现了一种真诚，她是我出狱后第一个真心和我谈话的人。我觉得，与她相处我很有安全感。其实男人也需要安全感。在她身边，我不会被轻视，也不会被怀疑，她总是能够看出我内心的想法，不断地激励我前进。在我遭遇挫折时，她从来不会看不起我、伤害我，而是帮我寻找解决问题的办法。”

如今，迈克已经成为业务覆盖美国西部大部分地区的一家快递公司的老板。在他的领导下，这家快递公司的业绩不断攀升，公司资产已经达到了400万美元。值得一提的是，康妮不仅成为迈克公司的大股东之一，也成了迈克的新婚妻子。

毫无疑问，康妮之所以能够走进迈克心里，最主要在于她给予了迈克信任与支持，而这正是迈克最需要的东西。

信任是人际关系中连接人与人的纽带，也是获得别人支持的基础。如果一个人无法获得别人的信任，那么他也就无法获得别人的支持。所以说，我们必须拥有正直的人格，提升自己的责任感，增强自己的可信度。

信任非常可贵，但也非常脆弱。人们信任一个人，就意味着必须承受被对方伤害的风险。人的内心都是趋利避害的，因此，如果你辜负别人的信任，伤害对方，想要再次建立信任就非常困难。

某杂志曾刊登过这样一个故事：

大黄是一条训练有素的军犬。每次进行辨别嫌疑犯的训练时，它总是能够在第一时间就把嫌疑犯找出来。

一天，训导员又牵着大黄来到训练场进行训练。训导员一声令下，大黄迫不及待地向前冲去，没过多久就叼着丢失的东西跑回训导员身边。之后，它又向人群跑去，嗅了几下就找出了小偷，并将其咬住。它认为自己顺利地完成了任务，就自信满满地跑回训导员身边，等候训导员给它奖励。可是，训导员非但没有奖励它，还摇着头对它大喊道："大黄，你错了，嫌疑犯不是他。再去找！"大黄非常信任训导员，它不会对训导员的命令产生怀疑，所以尽管它觉得训导员并不正确，但也只能按照训导员的命令，再去搜索嫌疑犯。于是，它再一次搜索嫌疑犯，而且比上次搜索得更加仔细。不过，它还是奔向了刚才的那个小偷。它疑惑地看着训导员，哪知训导员对它说："不是他，再去找！"大黄看了训导员很久，之后再次跑过去辨识嫌疑犯。这一次，它更加仔细地辨识，但还是认为自己前两次并没有错。可是，训导员仍然说它认错了，并对他大吼道："绝对不是这个人。"

大黄一直非常信任训导员，所以当听到训导员这样说时，它的自信心被彻底击溃了。它按照训导员的命令，继续搜索嫌疑犯。它焦急地嗅来嗅去，在每一个人的脚下都停留一会儿，但始终没有做出最后的决定。突然，它回头看了训导员一眼，根据训导员的眼神把一个不是小偷的人叼了出来。看到这一幕后，训导员和其他人都情不自禁地大笑起来。大黄不知所措，站在原地发呆。

后来，大黄整天无精打采地趴在那里，眼神也不明亮了，参加训练的时候也非常消极，总是出错。时间不长，大黄就退役了。

训导员也许是为了考验大黄，也许是在与它开玩笑，才会故意这样做。但他却忽略了这样做所带来的后果。大黄本来非常信任他，凡事都会听他的，可经过这件事以后，他就失去了大黄对他的信任。

只有得到别人的信任，才能让他人打开心扉，才能得到他人的支持，我们才能得到自己想要的人际关系。因此，我们在管理人际关系时，一定要做一个勇于承担的人，做一个靠得住的人，用自己的实际行动证明自己是值得信任的。

逃避解决不了问题，修补关系要及时

很多人都有逃避心理，总喜欢推卸责任，自己在工作上出现了错误，想尽办法把责任推给别人，这对人际关系的发展极为不利。这种人不讨人喜，同事不拥护这种人，明眼的领导也很少用这种人。我们要想维护好自己的人际关系，就要有承担，让人觉得我们值得信赖。

小玲是个非常自我的女孩，平时只要有点事就把责任推到别人身上，把自己的责任撇得一干二净。

有一次，芳瑜和小玲一起去超市，小玲的一个朋友拜托她在路过的药店买点感冒药，她很爽快地答应了。小玲从超市回来后，看到她那位朋友一愣，尴尬地说道：“啊，我忘了给你买药了！都怪芳瑜买的东西太多了，花了很长时间，弄得我都忘了，实在是对不起啊！”

芳瑜很郁闷，小玲又把责任全推到她身上，于是便对小玲说：“是你在回来的时候只顾着买你的炒栗子才忘了的吧，你怎么从来都认为自己没有错，而把责任推到别人身上呀！”小玲的朋友也在一旁调侃：“看来是你们都没把我放在心上啊！”

从故事情节来看，错误在小玲身上，因为她的朋友让她帮忙带感冒药，她给忘记了。但小玲自己却不这么认为，她埋怨是由于芳瑜买的东西太多，才导致自己忘记了购买感冒药。这种归因偏差引起了三个人之间的冲突。归因偏差是指认知者源于人类认知过程本身固有的局限或者不同的动机系统而歪曲了某些本来是正确的信息，导致归因不够客观的现象。

一天，卡耐基在森林公园遛狗，他既没给狗系链子，也没有戴口罩。这时迎面走来一个警察，很严肃地对卡耐基说：“你为什么不给你的狗系上链子，戴上口罩？它要是咬伤小孩子，咬死小松鼠怎么办？”

“可是现在又没有人，而且我不认为我的狗会咬人……”卡耐基辩解道。

警察听完很生气地说：“这次就算了，如果下次再让我看到，那就请你去跟法官说吧。”

接下来，卡耐基遛狗时按照警察的要求，给小狗系上链子，戴上口罩，但以后的几天里，他一直没有遇到那位警察。这天，他又拿掉了狗的链子和口罩。很不幸，卡耐基远远地看到警察走了过来。

警察一走近，未等对方开口，卡耐基马上诚恳地说：“对不起，警察先生，我真是该死，竟然不听您的警告，又这样把狗牵出来了。我有罪，我甘愿受罚。”

这下警察倒不好意思指责卡耐基了，反而劝他说：“好吧，这其实是人之常情，这里的确人来得比较少。”

“可是这是违法的啊，而且它可能咬伤人或咬死小松鼠。”卡耐基说。

“这么小的狗，应该不会的。”警察反而替他开脱起来。

最后，遵照警察的建议，卡耐基以后都把小狗牵到对行人比较安全的小山那边去遛了。

卡耐基的“先下手为强”，不但化解了警察可能产生的怒气，也不用真的到法官面前说话了。试想，假如卡耐基还像上次一样为自己辩解，无疑是在挑战警察的权威，肯定会起到火上浇油的效果。如今一个简单的先发制人的道歉，不但避免了一场麻烦的庭上问话，还得到了警察的许可，彻底地解决了这个问题。

生活中，一个懂得及时承认错误的人，通常会给人坦诚、真挚的印象，即使犯了错误，也必定会比那些死不认错的人更容易得到他人的体谅，这在人际交往中有着极其重要的作用。

奥尔特·巴顿是美国著名的投资大师，当他的事业如火如荼的时候，却栽倒在一次十拿九稳的投资中，因为他的错误使家族损失一大笔资金。巴顿的家人和合伙人都没有过多地埋怨他，巴顿也很冷静，没有在错误出现的时候手忙脚乱，也没有推脱自己的责任，而是主动诚恳地向家人和合伙人道了歉，并且宣布“一定会惩罚自己，让自己记住这次教训”。

就在人们仍然深陷这次投资失误造成的损失而痛苦不堪的时候，巴顿已经深入反省了自己的错误，找到了产生错误的主要原因，以及避免下次犯同样错误的方法。

不久，巴顿又开始了下一次的投资活动中，这时候，他的家人和合作伙伴都害怕他重蹈覆辙，非常担心他。但是大家的担心是多余的，巴顿很快用实际行动证明了这一切，他获得了投资以来最完美的一次成功。在接受记者采访时，他大声宣告：“上一次错误的经验，其实给了我成功的希望。”

再看另外一个故事：

美国总统克林顿在性丑闻曝光之后，一直遮遮掩掩，但是由于很多证据都显示这位总统并不是无辜的，民众们并不买账。直到最后，克林顿终于在事实面前认错。他发表了一场非常精彩的道歉演讲：

至于我身边的人都知道，几个月来我一直在努力思考如何更好地说服自己向美国人民，承认自己的错误行为，同时可以保持我对总统工作的忠诚。

……

我希望美国人民知道，我深深地为我所做的所有错误言行深表遗憾。

我从来不应该误导国家，我的朋友或我的家人。很简单，我做了耻辱的事情。我一直在以严厉的话语谴责我的原告，这是不对的。

……

克林顿真诚的道歉赢得了大部分民众的原谅，在之后的听证会上，克林顿终于摆脱了弹劾，继续担任总统。

巴顿在投资中出现了失误，但他仍旧取得了家人和合伙人的原谅和支持；克林顿做错了事，最后仍旧获得了民众的谅解。他们之所以能够做到这些，是因为他们勇于承认错误，这种勇气和承担是人们所看重的。

做错事并不可怕，怕的是不承认，怕的是推诿。我们要有勇气承认自己的不足，敢于坦率地承认错误，只有这样才能取得别人的谅解，才不至于让自己的人际关系受到损失。所以，一个敢于承认错误，有责任感的人，会让人在心理上觉得非常可靠。因此，我们在经营人际关系时，要敢于承认自己的错误。只有这样，人际关系才能源源不断地向前发展。

只有真心才能换来真心

一个人想要另一个人接受自己的请求，最重要的是打动对方的心。怎样打动对方呢？除了一些表面的技巧之外，最重要的是“精诚”二字。如果你足够精诚，对方就会觉得你是真心的，愿意帮助你，愿意与你建立良好的人际关系。

《庄子》中有这样一个例子：

孔子在鲁国的时候，两次遭受冷遇，在卫国的时候，被驱逐出境，在宋国，更是被砍掉讲学遮阴之树。之后，孔子和他的学生们又被围困在陈国、蔡国之间。接连的挫折让孔子非常郁闷，他遇见了一位老渔夫，从老渔夫的言语中看出对方很有学问，就将自己的境遇一一告知，询问原因。老渔夫说：“真者，精诚之至也。不精不诚，不能动人。”

精诚所至，才能让别人觉得你够真，我们才能打动别人的内心。那么，精诚的表现是什么呢？那就是诚心、恒心和毅力。

“汉初三杰”之一的张良，帮助刘邦推翻暴秦、建立汉朝的功臣，智谋无人可比。就连汉高祖刘邦都曾经说过：“夫运筹策帷帐之中，决胜于千里之外，吾不如子房。”子房就是张良。张良的智谋是天生的吗？当然不是，他也是因为抓住了机会，通过自己的毅力和恒心感动了他的老师，最后得到他老师的倾囊相授，才最终能够用自己的智谋辅助刘邦完成大业。

张良本来是战国时期韩国的贵族，他的祖父和父亲都当过韩国的宰相，不出意外的话，张良也将会是韩国的宰相。但是，秦国崛起，秦始皇以秦国之地成功吞并六国，统一天下，使得张良失去了子承父业的机会。因此，他注定是要以反秦为己任的。他策划了刺杀秦始皇的活动，虽然计划很好，但是很可惜失败了，于是他只能隐姓埋名躲藏起来。

有一天，张良出门散步，走到一座桥上时，遇到了一个老人。老人看到张良后，把自己的鞋子丢到了桥下，然后让张良帮他捡回来。张良觉得，老人没鞋子行动不便，帮他捡回来也没什么，于是就去捡了鞋子。但是没想到，更过分的是，老人居然让张良帮他把鞋子穿上。张良很生气，但想到对方是老人，自己应该尊敬，于是帮老人把鞋穿上了。老人好像对张良很是满意，对他说：“你这个人很不错，我先走了，我们5天后在这个地方再见一次。”张良觉得，既然这个老人提出再次见面就一定是有什么事情，所以他决定5天后再来一次。

5天之后，张良早早就来到了他和老人见面的地方，但是却惊讶地发现老人早就站在那里了。老头见到张良来了很生气，说自己等他等得很累，5天后再见面。

5天之后，张良再一次来晚了，当然老人又生气了，于是又约定了5天之后再见。

这次，张良决定不能再这样了。于是他在第4天的半夜就在桥上等候，这次终于比老人来得早了。张良经受住了老人的考验，他的真诚、坚持、隐忍的精神也感染了老人。于是老人收张良做了徒弟，并传授了《太公兵法》给他。从此之后，张良专心研究兵法，并最终辅佐刘邦成功地推翻秦朝建立大汉朝。

再举一个例子。

三国时期刘备和他的军事诸葛亮之间的故事相信所有人都知道，那就是“三顾茅庐”。诸葛亮这样的人中龙凤大多都是心高气傲的，他们不屑于投奔别人。另外，当时刘备穷途末路，几乎没有什么资本，基本上是不可能请得动像诸葛亮这样的人的。诸葛亮确实有大才，要不然也不会得到一个“卧龙”的称号，但是诸葛亮“躬耕于南阳”也确实是事实。他也想要出山去做出一番事业，但是他的高傲却不允许他自己主动去投奔别人。就在这个时候，刘备出现了，三次访贤，最终获得诸葛亮的效忠。而最后，诸葛亮也真是为了刘备“鞠躬尽瘁，死而后已”。刘备只不过是用了自己的诚心和毅力就轻而易举地把诸葛亮这个绝世高人拉到了自己的战车之上，帮助自己完成了建立蜀汉鼎足三国的霸业，由此可以看出做事情的时候，精诚是多么重要。

人都有感恩之心，相知相惜就是一种恩情。我们平时在经营人际关系时，也要足够真诚，拿出自己的真心，换取别人的真心，只有这样才能得到自己想要的人际关系。

感情投资，必有回报

心理学研究表明，情感在很大程度上决定了人对于某个人或者某件事的态度。情感分为道德感和价值感两个方面，具体表现为爱、仇恨、厌恶，等等。如果一个人喜欢某个人，就会愿意尽心尽力帮助对方。

因此，我们在维护人际关系的过程中，应该学会感情投资，感动周围的人，赢得他们的支持。

战国时期齐国的孟尝君门下有食客数千人，冯谖也是其中一位。孟尝君府里缺少一位理财收债的人，冯谖主动请命去薛城为其收债，辞行前孟尝君叮嘱冯谖：“收齐了债款，用这些钱可以买一些家里需要的东西回来。”冯谖赶着马车出门了，到达薛城之后，冯谖派出官吏召集那些欠债的百姓前来核对。借约核对完了，百姓们都觉得冯谖要强迫他们还债，一个个非常紧张。哪知道，冯谖烧掉了借约，宣称自己是奉孟尝君之命，免除大家的债款。百姓欢呼雀跃。

冯谖赶回齐国都城后，把这件事情告诉了孟尝君。孟尝君问他为什么要这样做，冯谖说：“您的府里什么都不缺，只缺少‘义’了，因此我替您买了‘义’。”孟尝君问：“买义怎么个买法？”冯谖说：“如今您只有一块小小的薛地，我认为您应该爱护那里的百姓，而不是用商贾的手段向百姓取利息，我私自假传您的命令把借约烧了，百姓们非常高兴，都感激您的恩德，这就是我给您买的‘义’啊。”孟尝君并不高兴，但只好作罢。

过了一年，齐湣王希望孟尝君隐退，孟尝君只好答应并回到封邑薛城去住。走到离薛城还有100里的地方，百姓们已经前来迎接了，他们扶老携幼，箪食壶浆。孟尝君深受感动，他回头对冯谖说：“先生替我买的义，今天我算是看到了。”

仁义不是实物，因此孟尝君对冯谖用实物和金钱买仁义非常不解。当孟尝君被齐湣王贬回薛城时，才意识到昔日买的仁义在今天加倍回报了自己。事实上，冯谖帮孟尝君买的并不是仁义，而是百姓们的支持。前期的仁义之举是一种感情投资，这种感情投资打动了薛城的百姓们。

当孟尝君落魄的时候，薛城百姓们自然愿意尽心尽力支持他。

战国四君子之首信陵君善于礼贤下士，他的食客达到3000多人。当时，其他国家不敢轻易进攻魏国，就是因为被他的威名震慑。

信陵君听说隐士侯嬴的时候，侯嬴已经70多岁了。信陵君知道他家里穷，就派人给他送去了大量金银财宝。侯嬴婉言拒绝，他说："我虽然家贫，但这些都不影响我修身养性，所以我不会轻易接受别人的施舍。"

于是，信陵君摆下酒宴，邀请了很多魏国的名人雅士。大家都到齐之后，信陵君却要亲自驾车去接侯嬴前来。侯嬴倒也不拒绝，但是也丝毫不客气，径直坐到了马车的上位。信陵君见状不仅不生气，表情反而更加温和。

侯嬴又对信陵君说："我还不想吃饭，我有个朋友在屠宰场，我想先去那儿看看他。"信陵君就让车夫把车驾到了屠宰场。侯嬴下车之后立刻与朋友攀谈起来，完全不顾及一同前来的信陵君。随从们看不下去了，就在背后偷偷骂侯嬴，但信陵君一直和颜悦色。侯嬴看信陵君如此谦恭有德，于是上车与他一起赴宴。

到了信陵君府上之后，宾客们已经焦躁不安了。信陵君把侯嬴让到了上座，并为他一一引见到场的宾客。酒过三巡，信陵君又亲自向侯嬴敬酒。侯嬴这才对他说："我不过是一介乡村莽夫，你却亲自驾车来看我，这是你看得起我。至于让你在屠宰场等我，我是想让人们看清楚你是什么样的人，我想，你的谦恭和和善已经感动了人们。人们可能都认为我太傲慢，是个小人。我都这把年纪了，名声对我来说已经不重要了，只要能为贤能的君主做点事，我就知足了。"酒宴结束以后，信陵君把侯嬴留了下来。

侯嬴去屠宰场看的朋友就是朱亥，侯嬴把他推荐给信陵君，信陵君多次去请，但是朱亥一直不肯来。

后来，秦军进攻赵国，赵国向魏国求救，魏王派晋鄙带兵10万前往救援。但晋鄙生性胆小，不敢与秦军交战，只是把军队驻扎在魏国和赵国的边界。魏王也默许他这么做，信陵君明白唇亡齿寒的道理，所以屡次劝谏魏王，但魏王不为所动。

无奈之下，信陵君决定拼死一搏，带领自己的食客与秦军决一死战。他跟侯嬴讲了这个计划，侯嬴并没有说什么。后来信陵君带着食客们出发了，侯嬴竟然没有来送别。信陵君觉得侯嬴应该出来为自己送别，他这么做必有深意。走了几里路之后，信陵君恍然大悟，心想：“侯嬴一定有什么话要对我说。”于是，他让队伍原地休息，自己骑着马去见侯嬴。侯嬴见了他笑道：“你去抵抗秦军，无异于以卵击石，而我却没有为你送行，所以你一定会回来找我的。”说完，侯嬴屏退左右，给信陵君出主意：“买通魏主的宠姬，通过她窃取兵符，把晋鄙手中的军队夺回来，然后抵抗秦国。”

信陵君依计而行。顺利拿到了兵符。侯嬴又跟他说：“有了兵符也不一定能让晋鄙交出兵权，将在外君命有所不受，我们必须找个人刺杀晋鄙，朱亥就是个不错的人选。”于是，信陵君带着兵符和朱亥一起前往军营。

侯嬴为他们送别时说：“我本应该与你们一起前往，奈何我年老体衰，对你们来说是个累赘。我计算着时日，等你们取得了成功，我就自杀来为你们送行。”

事情进展一切顺利，朱亥杀死了晋鄙，信陵君夺取了军权，率军击退了秦军，保住了赵国。而侯嬴也为“知己者”死。

侯嬴之所以愿意不惜一切帮助信陵君，是因为信陵君的所作所为打动了他。建立在利益之上的友情毕竟是浅薄的，而建立在真挚情感上的感情则会让人死心塌地。包括后来的诸葛亮也是一样，刘备没有许他高官厚禄，但是凭借真诚的情谊打动了他，所以，诸葛亮愿意为他“鞠躬尽瘁，死而后已”。

人是有情感的，而且人的态度和行为受到情感的控制，因此，我们在经营人际关系的时候，要学会感情投资，与值得交往的人建立深厚的感情，只有这样，当遇到困难的时候，我们才会得到更有力的支持。

被人喜欢，其实很简单

踏入社会之前，我们总觉得人与人之间相处应该是坦诚的、快乐的；踏入社会之后，才发觉人与人之间相处总是戴着面具，口是心非。其实也不必大惊小怪，正是这样才构成了形形色色的社会。与其埋怨，不如适应；与其挑剔，不如接受。所以，在管理人际关系的过程中，凡事都要想得开，心情自然就快乐一些。

与人相处确实是一门学问，也是一门艺术，它需要技巧。相处得好，会让我们的工作事半功倍；相处得不好，则会让我们的工作事倍功半。在同一个单位，或者在同一个办公室，如何跟人相处是我们每日都要面对的事情。

想要让某个人喜欢自己，那就趁他高兴的时候和他说话。他会把当时的好心情和你相关联，然后就会对你产生好感。

比如说，一个人正准备出去度假，不管看见谁，都会把对方和“要去度假”的愉快心情关联起来，自然地那个人对他所见之人的好感就会多一些。相反，要是一个人正在肚子痛，他对周围人的好感度就变低，这时，他周围的人无意中就都成了他不喜欢的人。

我们应该做到无论自己喜欢的或不喜欢的人，见面时都要打招呼，要面带笑容，要有诚意。俗话说：“伸手不打笑脸人。”而且你的笑容还可以给人们带来愉快的心情，给自己带来好的人缘。

我们熟悉的一句话：“海纳百川，有容乃大。”意思就是说要豁达大度、胸怀宽阔，这实质上也是一个人有修养的表现。还记得中国有句俗话“宰相肚里能行船”吗？这里暂且不论宰相们是不是都是有度量的人，但人们都把那些具有像大海一样广泛胸怀的人看作是可敬的人。曾记否？小时候老师教的：“大海是宽广的，比大海更宽广的是天空，而比天空更宽广的是人的胸怀。”此言此语至今历历在目。要想被人喜欢，心胸宽广最重要。

坦白地说，别人对我们印象如何，很大程度上取决于我们让对方产生怎样的自我感觉。我们可以整天想法子让对方喜欢自己，让对方对我们产生好印象。可是，真正起作用的是对方自己的心理感觉，而不是我们如何的努力。

有时候，刻意去讨好别人，未必会得到对方的欢喜；自然而然的一些感情流露，往往让对方产生愉悦的感觉。试想一下：如果一个人发自内心地称赞我们，对我们既热情又友好，我们心里头是不是特别舒服？反过来也一样，假如有个人看谁都不顺眼，见什么都爱挑刺，好像大家前世都欠了他似的，恨不得要把别人的生命力都吸干，这种人我们愿意面对和相处吗？所以，只有做个让别人感觉良好的人，我们的人缘才会大幅提升。

此外，要让别人喜欢我们，要学会营造一种和谐的氛围。和谐会在彼此之间架起一座心理上的桥梁，让我们由好感到信任，再到愉悦，乃至亲密无间。如果两个人能做到十分“同步”，那就很容易相谈甚欢。就像我们容易喜欢上兴趣爱好相似的人一样，也会下意识地喜欢一个行为举止像我们的人。

要想创造和谐，其实也不难，善于赞美便是一个因素。赞美是任何人都希望得到的精神享受，不论能力强弱，也不论职位高低，谁都希望听到别人的赞美。赞美有着巨大的鼓舞力量。据说，园艺家路瑟·柏班克以热忱的口吻对花卉和盆栽说话，受到赞美的植物，比其他植物长得更快、更好。假如在工作中，同事能得到同事的赞美，同事就会感到自己是重要的、有价值的，从而产生更强的敬业感和责任感。

要想创建和谐，我们还要保持乐观、开朗的性格。没人喜欢闷闷不乐、容易发火、整天惨兮兮的人。大家都喜欢开朗又积极的人。为什么？因为人们想要那种感觉，想成为那样的人。如果看到一个人身上有这种特质，会让人们更喜欢他。总而言之，积极态度的人，久而久之会焕发出超凡的魅力。

此外，人与人之间的交往中，适时适量地增加感情也很重要。例如，上班时自己的事情处理完后，主动看看周围的同事是否需要帮忙，或自己没事时帮同事倒杯水，收拾一下办公桌；节日时，同事之间发发消息，打打电话，互相问候。

静坐常思己过，闲谈莫论人非。在和人相处的过程中，始终坚持此准则，相信我们就会和他人相处得非常融洽。

别被玩笑毁掉关系

心理学认为，良性的玩笑可以对心理起到润滑的作用，可以让压抑的氛围变得轻松活跃起来，有利于人际关系的发展。然而，事物均具有两面性，开玩笑时也要把握好分寸，一定要拿捏好度，懂得哪些玩笑可以开，哪些玩笑不可以开。拙劣的玩笑不但不能起到润滑的作用，反而会引起误会或造成不必要的冲突。

张博和小邵是关系不错的同事，张博生性大大咧咧，喜欢开玩笑。4月1日愚人节快到了，张博决心好好“骗”小邵一次。中午，小邵正跟几个同事坐在石椅上聊天，张博慌慌张张从办公室跑了出来：“小邵，你还在这儿聊天，你妈出事了！”小邵一听，差点晕倒，他父亲死得早，是母亲一手把他拉扯大的，没想到小邵跌跌撞撞地冲进办公室，张博却在这边挤眉弄眼地跟同事笑开了。两分钟后，小邵从办公室冲出来，愤怒地揪住张博的衣襟：“你凭什么咒我妈？”张博一把推开他：“愚人节嘛！”小邵更生气了，两人吵了起来。这一切都是因为一个开过了头的玩笑引起的。

人们都说“饭可以多吃，玩笑不能乱开”，得体的玩笑可以活跃气氛、松弛神经，但万一掌握不好分寸，就可能伤害感情，甚至惹起事端。

我们在管理人际关系的过程中，开玩笑一定要把握分寸，诙谐而不伤人。以下几点，就是开玩笑时应该注意的：

1. 内容要得体

玩笑的内容代表着开玩笑者的思想高度与修养水平。内容健康的玩笑，让人感觉是一种精神享受。如果内容不雅，充斥着污言秽语和低级庸俗的语言，不仅污染了语言环境，侮辱了对方，令对方反感，而且也表明了自己的情趣鄙俗，水平低下，甚至会令对方对自己的人品感到怀疑。

在和长辈或者晚辈开玩笑的时候，尤其不能轻佻放肆地大谈男女情事。即使当同辈人之间开这方面玩笑，自己以长辈或晚辈的身份在场时，最好不要插话，若无其事地旁听即可。

2. 态度要得体

开玩笑时要表现出友好的态度，别以为你趁着开玩笑的时机，发泄心中的不满，对别人冷嘲热讽，别人感觉不到。人家可能只是表面上不跟你计较，但是在心里早就觉得你是一个不懂得尊重别人的人，不愿再跟你交往了。

3. 行为要得体

很多时候，开玩笑的同时会伴有肢体动作和行为，这些动作和行为也千万不能过了头。

小王和小李是相识很久的老朋友了，然而就是那一次玩笑让两人闹得很不愉快。怎么回事呢？那天，小王和小李在讨论设计方案，一个难题让两人都陷入了冥思苦想之中。突然，小王想出了解决办法，原来所有的困难都是因为小李的疏忽，统计错了一个数字。这时候，小王伸手往小李脑门上一拍，说："你脑子怎么了？"这让小李感到很恼火，认为这是很不礼貌的行为，一下子跟小王翻了脸。

4. 场合要合适

开玩笑要分场合，有些庄重正式的场合不适合开玩笑，千万不要在这时候"抢风头"！面试的时候，不要随便和你的面试官开玩笑，搞不好一句话让你得不到工作；开会的时候，不要随便开玩笑，那是给你自己找麻烦；给领导汇报工作的时候，不要随便开玩笑，领导说不定以后不再重用我们，认为我们是一个不稳重的人……

办公室是一个尤其要注意玩笑尺度的场合。无论我们想日后平步青云仕途升迁，还是想默默无闻地与世无争，都要在办公室里学会开玩笑的艺术。另外，不要总是在办公室里开玩笑。时间长了，同事们会觉得我们不够庄重，慢慢地变得不尊重你。领导也会觉得我们不够成熟，不够踏实，不再对你委以重任。

5. 玩笑要有度

玩笑应该开到什么程度，必须心里有数。如果不管三七二十一，更不管对方能否接受而乱开玩笑，不仅会惹恼对方，而且可能到最后乐极生悲。

6. 开玩笑要看对象

同样一个玩笑，可以对甲说，但不一定可以对乙说。开朗大方的人，可能不介意你有些“恶毒”的玩笑。但是，有些内向的人开不起玩笑，你的玩笑很可能会惹来他的怨恨，引起他的猜测，从而对你的动机产生误会。

同样一个玩笑，在某人高兴的时候说，跟在某人不高兴的时候说，效果可能会是天壤之别。对方心情好的时候，你的玩笑过了头，对方可能只是付之一笑；然而，当对方心情不好的时候，你的玩笑稍微一过头，可能就会招来对方的白眼。

和不相熟的异性在一起时，尽量不要开玩笑，即使是正经的玩笑，也可能会引起对方的反感，还可能会引来别人的非议。一般来说，男性对语言的承受能力较强，一般的玩笑话不会导致男性的难堪；女性对语言的承受能力较弱，不得体的玩笑会使女性害羞难堪，甚至“下不来台”。所以，开玩笑时一定要注意男女有别。

想得到朋友，就让对方超过我们

《菜根谭》中有言：“当与人同过，不当与人同功，同功则相忌；可与人共患难，不可与人共安乐，安乐则相仇。”说的便是这个道理：要懂得把功劳让给别人。

与人合作相处时，贪功会失了雅量，也会引起不必要的猜忌，但凡存了共享安乐或是独占功劳念头的人，必会造成他人的戒备和仇视。聪明人懂得与人分享荣誉，有时甚至还故意把属于自己的那份功劳让给别人。

篮球明星迈克尔·乔丹的成绩有目共睹，然而这个被称为“飞人”的篮球传奇，在接受媒体采访时从不居功自傲，绝口不提“我自己……”而是不断地强调“都是因为球队的力量……”“都是因为大家的努力……”其谦虚的态度令人钦佩不已。

由此可见，真正的大人物是能把荣耀让给他人的人，他们并非时时追名逐利，而是在赢得名利的同时，也不忘把成就拿出来与人分享，他牺牲了自己的虚荣心，却赢得了他人的尊重和支持。

梅格·惠特曼是美国著名的女企业家，曾在《财富》杂志上以《我一辈子得到的最好的忠告》一文中披露了自己受益一生的 5 个忠告，其中之一就是“不要把一切功劳归在自己身上”。她还说：“如果你周围的好事很多，好事也终会降临到你头上。”意思是，如果你懂得把功劳让给别人，让对方体验到成就感的话，最后受益的必定会是自己。

然而现实中，我们常看到的情况却是“把功劳留给自己，把过错推给他人”，许多人都想努力表现自己，担心落于人后，唯恐自己做的那点小功小德无人知晓。殊不知，这正是人际关系和事业发展中的大忌。

某广告公司的设计总监，与下属同心协力完成了一件作品，一推出便迅速走红，达到家喻户晓的地步，公司品牌收益颇丰。

总公司派上级过来考察，他趁陪同之际，夸夸其谈，说了很多自己为这次的成果劳心劳力的话，明里暗里强调自己在这次作品中起着至关重要的作用。上司听了很满意，表示要重重奖励。

然而下属们知道后，纷纷表示愤慨，没想到此人是这么自私的小人，从此与他貌合神离，对其工作也不再配合，甚至有人往上检举他剽窃同事方案，以其被辞退而告终。

例子中的设计总监正是犯了“独任”的忌讳，埋下了敌意的隐患，最终落得名利尽失的下场。因贪一时之功而葬送了前程，可不就是典型的“捡了芝麻，丢了西瓜”吗？

《菜根谭》中说：“完名美节，不宜独任，分些与人，可以远害全身；辱行污名，不宜全推，引些归己，可以韬光养德。”意思是：完美的名声和荣誉，不要一个人独占，应该跟人分享，才不会招来嫉恨，被人算计；不好的名声和错误，不可全推给他人，自己也要承担几分，这样才可以保全功名获得美德。

公元 280 年，西晋名将王于巧用火烧铁索之计灭了东吴，令三国统一。然而胜利之后，他却被安东将军王浑以不服从指挥为由，要求将他交司法部门论罪，又诬陷王于攻入建康之后，大量抢劫吴宫珍宝。

王于深感恐慌，一再上书陈述战场的实况，为自己的清白辩解。幸运的是，晋武帝司马炎力排众议，没有治他的罪，还对他论功行赏。

可王于每当思及此事，便愤愤不平。想他一届功臣，为何要受这种不白之冤？于是每次觐见武帝，他都一再陈述自己一心效忠、不辞劳苦、奋勇杀敌的功勋，以及这平白被冤枉的一腔愤懑。然而这并未能改变任何事，朝臣对他的弹劾之声仍不时出现。

这时，身旁的范通对他说：“您的功劳太大，可惜您居功自傲，未能做到尽善尽美。”

王于很疑惑地问他是什么意思。

范通接着说：“您自凯旋后，当退居家中，不再提伐吴之事，若有人提及，您就说：‘这靠的是皇上的圣明、诸位将帅的努力，我有何功劳呢？’”

王于接受了范通的建议，果然谣言渐渐平息。

历史上因居功自傲而埋下隐患的例子不胜枚举。倘若王于没有听从范通的建议，而仍一根筋地向皇帝表忠心、论功德，保不准哪天不被朝臣弹劾，皇帝自己可能因其反复强调的“大功”而动了杀机，毕竟，古代帝王“狡兔死，走狗烹”的做法实在不少。

不与人争功，尤其不与领导争功，不在他人面前张扬自己所做出的牺牲，在争取表现机会的同时，也要注意给别人机会，要学会适时分享，这才是智者所为。

主角不是好当的，配角更能彰显内在美

与朋友交往的过程中，人们总是对这样一类人大伤脑筋：他们说起话来无比啰嗦，还特别喜欢表现自己，丝毫不给别人展示自我的机会。这样的人往往不会受到他人的欢迎和喜欢。就好比我们在看电视节目的时候，如果主持人只顾自说自话，不给我们喜欢的嘉宾发言的机会，那么我们肯定会非常讨厌主持人的“霸道”。

经营人际关系也是同样的道理。任何时候，都没有人喜欢那些不顾及他人感受、只顾表现自己、爱喧宾夺主的人。相信很多人都会觉得这样爱抢风头的人一定是没有礼貌，自私又没修养的人。所以，善于管理人际关系的人都懂得，什么时候表现，什么时候让路；什么时候充当主角，什么时候充当配角。在人生的很多场合中，无论你多么急于表现自己，都要好好把握这个尺度，努力做好一个优秀的配角，否则肯定会招致他人的厌恶。

某传媒公司新来一位女员工，口才特别好，说起话来就像竹筒倒豆

一样，哗啦啦地响，又像黄河之水，滔滔不绝。她思维缜密、旁征博引、抑扬顿挫，经常把人驳得不知怎么反驳，一时间哑口无言，好没面子。

后来，同事们都不愿意和她说话。比如，几个同事在聊天，见她过来了，就纷纷散去。同事们也不再和她争辩，她说什么大家权当没听见，懒得搭理。就这样，这个女员工被大家冷漠的态度孤立了。

或许你真的很优秀，但是不一定要做主角。在与人交往中，要做的是让别人喜欢你，而过于张扬、争当主角往往招人厌烦，因为这样容易把别人比下去。也许你会说：“我没有和别人比啊！”对，本意不是和别人比，但是你成了主角，别人不就自然而然成为配角了吗？

所以，还是把主角让给别人吧，去做别人的配角，让别人在你面前获得一种优越感，他们会更愿意和你打交道，更容易对你产生好感。不要认为配角只能替别人做嫁衣，对自己没有一点帮助。其实不然，只要有能力，做配角一样可以成就一番事业。

关珍珍是一个非常健谈又活泼开朗的女孩子，她平时无论对谁都是笑脸相迎，在大街上碰到熟人也会主动打招呼。这么好性格的女孩子应该人人喜欢，可就是因为她太爱出风头，往往不分主次抢夺他人表现的机会，同事们都不太喜欢她。

有一次，她们部门的业务经理李梅过生日，同事们就相约一起去唱歌，为李梅过生日，但是大家都不愿意叫关珍珍一起去，因为她爱出风头的性格导致她就连唱歌也是“麦霸”，只要她去了，恐怕其他人就没有张嘴的机会了。但是考虑到都是同事，落下她一个人也不好，于是就叫上了她。

果不其然，到了 KTV 她就开唱了，而且每唱一首她都会找到唱下去的理由，总是以献给经理李梅为借口，实际上却是极大地满足了她的表现欲。其实经理李梅也是一个爱唱歌的人，本来想趁着这次机会和手下的成员们进一步拉近关系的，没想到整个晚上都成了关珍珍的个人演唱会了。李梅感到非常郁闷，其他的同事也都露出了不高兴的神色，而关珍珍一点都没有发现不妥，依然沉浸在自己的歌声中。

过了一会儿，大家都借口有事纷纷离开了，留下关珍珍一个人继续陶醉。从那以后，再也没有人和她一块儿出去玩了，经理李梅似乎也没那么关照她了。

在某些场合恰当地表现自己，会让大家看到我们不为人知的一面，也更容易让大家记住，对自己的交际是非常有利的，但是该表现的时候不表现，不该表现的时候却出尽风头，只会让大家对我们产生抵触的情绪。在经营人际关系时，一定要记住一点：人生如戏，我们有当主角的时候，也有当配角的时候，因此，在不同的场合不同的情况下，一定要找准自己的角色，该当主角的时候当仁不让，该当配角的时候绝不越雷池半步。

这有点像相声里面的“捧哏”和“逗哏”。既然站在了“捧哏”的位置，就要做好“逗哏”的陪衬。如果总想着如何去“逗人”，自己抢镜头，那一切都乱了套，下次可能连做“捧哏”的机会都没有了。

在某些场合中扮演主要角色是很多人的愿望，但是明明需要他充当配角的时候，往往无法按捺自己，把握不了角色之间的分寸，最后喧宾夺主，让其他人产生厌恶反感的情绪。如果我们就是这样的人，一定要接受下面的几点建议：

第一，如果一定要表现自己，也不要去抢他人的镜头。要运用智慧和高超的演讲技术将自己变成人群中的中心，而不是特意出风头强迫他人转移视线，而应当让人发自内心地接受我们的演讲。这样，即使我们的话再多，别人也愿意听。

第二，在社交公共场合中，要随时去观察他人对我们的谈话所表现出来的反应，要时刻注意别人对我们的谈话是否感兴趣，是否有继续听下去的愿望。如果听的人开始东张西望，出现敷衍之词的时候，就应该立即停止谈话。否则，时间一长，就会成为一个人的“独角戏”了。

第三，要学会自我控制，自我调整，演好自己的配角，说好自己的话。如果能做到恰当地把握分寸，既能显示出良好的修养和品格，又能把话说得恰到好处，就会受到对方的欢迎。

第七章
交际有道：超级人际必备的心理学规律

简单地说，心理学就是研究人心理活动的科学，为我们从事社交活动提供科学依据。一个人要想拥有良好的人际关系，就必须懂得一些心理学规律，这些规律可以让我们在社会交往中少走弯路，以正确的方法去洞察对方的心理动机，从而为我们的人际交往提供保障。

第一印象很重要

与人相处时，第一印象十分重要，这是因为首因效应的存在。首因效应也就是第一印象效应。具体来说，就是初次与人或事接触时，在心理上产生对某人或某事带有感情因素的定势。根据最初获得的信息所形成的印象作用最强、持续的时间也长，不易改变，甚至会左右对后来获得的新信息的解释，从而影响到以后对该人或该事的评价，同时也影响人际关系的建立。

心理学研究发现，当与一个人初次会面时，在短短的45秒钟内就能产生第一印象，而最初的0.25～4秒的时间给对方留下的印象是最深刻的，我们可不要小看这短短的4秒钟，别人对你75%的判断和评价都会在这短短的时间内产生。所以在别人的第一印象中，不管给他的印象是不是真实的，我们留给别人的这种印象以后都很难改变。

曾经有一位心理学家为了充分证实第一印象的重要性，做了这样的一个实验：他准备了30道题目，分别让两个学生各做一半。学生A做前半部分，学生B做后半部分，由于题目都不是很难，两人都得了满分。然后把试卷给其他同学看，让他们对这两个学生进行评价：A和B比较谁更聪明。结果发现，多数被试的同学都认为学生A更聪明。

这个实验表明，第一印象如果给人形成的是肯定的心理定式，会使人在后继了解中多偏向发掘对方具有美好意义的品质；若第一印象形成的是否定的心理定式，则会使人在后继了解中多偏向于揭露对象令人厌恶的部分。

达芬妮是两个女儿的妈妈，她决定向银行贷款，开一家出售天然化妆品的美容小店。这天，达芬妮上身穿一件旧T恤衫，下身穿一条洗得发白的牛仔裤，背着小女儿，拉着大女儿，闯进了银行经理的办公室。她绘声绘色地向银行经理介绍自己的创业构想和“美容小店”的未来远景，但银行经理拒绝了她的贷款请求。

达芬妮失望而归，向丈夫抱怨那个银行经理的铁石心肠。她说：“我带上女儿都没有打动他！”而丈夫比较理智，“银行是一个投资机构，不是救济所，在这里，T恤衫和牛仔裤是没有说服力的。”

于是，他陪达芬妮去时装店买了西装，还请一位会计师写了一份不同凡响的可行性报告，另附有预估的损益表及一大摞文件附页，连同自家的房产证，都装在一只精美的塑料卷宗夹里。然后，他们衣冠楚楚地又去了那家银行。这回他们没费口舌就得到了贷款。

这件事使达芬妮意识到形象与事业成功的关系，从此，她特别注意自己的形象与商店的形象。后来，她把“美容小店”开遍了世界各地。

英国形象设计师罗伯特·庞德说：“这是一个两分钟的世界，你只有一分钟展示给人们你是谁，另一分钟让他们喜欢你。”人与人第一次交往中给人留下的印象，在对方的头脑中形成并占据着主导地位，这种效应即为首因效应。一般而言，第一印象好，双方继续交往的积极性就高，良好的关系就可能逐渐形成与发展；反之，则可能无法建立相对亲密的关系。

一次，林肯的一位朋友向他推荐一个阁员。林肯看了这个人之后，摇摇头说：“他看上去实在是太丑了，我不愿意用这样的人。”

林肯的朋友非常疑惑，他说：“总统阁下为什么要以貌取人呢？他的容貌是天生的，难道他应该为自己的容貌负责吗?”

林肯回答：“是的，一个人过了40岁，就应该为自己的容貌负责。”

林肯的做法是有道理的，每个人都应该学会展示自己最好的一面，气质、精神、打扮等这些因素是能够修饰容貌的，如果一个人无法做到这一点，无法给人留下好的印象，确实是他自己的责任。

当然，给别人留下良好的第一印象不能只看外表，礼仪和修养才是留下好印象的有利法宝。

一次，黄爱菊在公交车上看到一位老太太上了公交车，车上没有多余的座位，她正准备让座，坐她前面的一个女孩站了起来，礼貌地让了座。这个举动让黄爱菊对她心生好感，这时候，女孩津津有味地吃着手里拿的玉米。眼看她的玉米快吃完了，在边上的黄爱菊思考着：“直接扔出窗外？不会，这孩子看起来不像那种不懂事的人。悄悄放在座位下？这也太不好了。装进包里等下车后再扔进垃圾箱？可那个小包，也就能装个手机。”黄爱菊私下里替她想了许多解决方法，都不可行。

终于，玉米吃完了，女孩不时地四处张望，黄爱菊猜测她正在想自己所想的问题。当发现没有可丢的地方后，女孩并没有手足无措，而是很自然地打开包包，拿出了一个塑料袋，然后把那个仅剩几个玉米粒的玉米装了进去。一边的黄爱菊不禁在心中暗暗佩服她的聪明，开始打心眼儿里喜欢这姑娘。

第二天，黄爱菊上班之后面试一批新员工。她惊奇地发现昨天看到的女孩也在其中，等到那个女孩开始面试之后，黄爱菊跟她聊了很大一会儿，当场表示乐意招聘她到公司入职。

黄爱菊眼中的这位女孩，是一个文明有礼的女孩。如果能够把这种文明和自觉用到工作和办事中去，有时候甚至比美貌还能吸引人，让更多的人来帮你办事。

当然了，“首因效应”并不完全可靠，有时候还可能出现很大的差错。因而我们在与人交际的时候，不应该只通过第一印象就给人下定义。但是，对于我们自己来说，一定要注重形象，争取给别人留下更好的印象，为进一步的接触打好基础。

把握对方心目中的那杆秤

每个人的心里都有一个天平，当受到外界不同情况影响时会不自觉地向一方倾斜。但过度的倾斜会造成不好的效果。例如在处理人际关系时，它会影响对方心里客观的认识。所以，我们需要利用“冷热水效应”的技巧来使对方的心理获得平衡，实现良好的人际关系。

具体来说，当我们要向别人提某项请求时，可以先将自己的请求提得高一点，这样的话，就有回旋的余地；当我们要向别人传递消息时，可以先说坏消息，再说好消息，那么对方在先前的绝望中会看到一线曙光和希望；向某人表达自己的看法时，可以先批评，指出不足，然后别忘了对他的优点给予赞扬和肯定；向别人恳求宽恕和原谅时，可以表现得更加诚恳，那么别人才有可能信任我们，达到化干戈为玉帛的目的等。这些都是冷热水效应的应用，可以使交往对象有一个心理过渡和平衡的阶段，最终实现自然交流。

陈墨是一家电热水器公司的销售员，他每个月销售电热水器的数目大概在15台左右，曾经创造过一个月销售28台的历史纪录，深受公司各级领导的器重。

最近一段时间，随着温度的不断攀升，电热水器的销售也进入了淡季，在提交给领导的每月计划销售表上，他计划这个月的销售目标是

10台。

市场部经理看到陈墨的销售计划后，很是不满，说道：“你可是我们公司的销售骨干，你定这么低的目标，可不符合你的身份啊！”

陈墨回答道：“最近进入销售淡季，我也是根据这些实际情况制定的，要和年前比那肯定是没办法比的。”

市场部经理听了他的话觉得分析得也有道理，反正他的工资和业绩是挂钩的，就没再说什么。没想到这个月底，陈墨总共销售出16台热水器。经理看到这个超出制定目标计划的数目很是惊喜，大大奖赏陈墨，并且说要给他加薪。

案例中陈墨就是运用“冷热水效应”赢得了领导的青睐，他根据实际情况制定了一个月销售10台的目标，但最终在淡季却销售16台热水器，这是领导没有想到的。所以当领导看到这一数字的时候当然是意外、高兴、满意的。

而假如他做计划目标的时候制定了15台，最终卖出16台，领导在看到这个结果的时候绝对没有前一种兴奋，因为之间的差距太小。

所以，先将自己的标准定得低一点儿，即使失败了，结局也不会很惨。要是成功了，那么获得的评价自然就提高了。

一次飞机在准备着陆时，驾驶员突然宣告：“由于机场拥挤，飞机无法降落，所以，飞机不得不在空中盘旋，预计距离着陆时间还差40多分钟。”其实着陆的时间只需要30分钟。

顿时，机舱里的乘客陷入了混乱，抱怨声、牢骚声接连不断。

为了稳定大家的情绪，在过了5分钟的时候，空姐通知大家说：“由于机场处理及时现在只需要半个小时。”大家都长舒了一口气，情绪也稳定了一些。

几分钟过去了，空姐又对乘客说：“由于我们驾驶员高超的技术，我们只需要20分钟就可以安全降落了。”大家觉得很快就要降落了，机舱里安静了下来，没有刚开始的那种焦躁和不安了。

就在乘客们认为还有15分钟要降落的时候，空姐最后向大家说出了实际降落的时间：“我们的飞行非常顺利，请大家系好安全带，我们马上就要降落了。”顿时，大家都欢呼起来。

飞机不能够按时降落，确实是一件非常可怕的事情，而机组工作人员利用冷热水效应，使乘客不安的情绪迅速地稳定了下来，从而平息了大家的不安与惶恐。

针对这个案例来说，告诉乘客事实远远没有采用冷热水效应处理效果好，因为那样做，对于稳定乘客的情绪将是非常不利的。利用结果反差很大的沟通技巧，不仅能够让乘客看到希望，而且还能够增加乘客的信心。

无论在生活还是工作中，只要能巧妙地运用好“冷热水效应”，相信会让我们的人际关系更上一层楼。

用好心情感染身边人

每个人都有情绪起伏的时候。当我们心烦气躁时，就会无端地向他人发火，甚至大吵大闹；当我们心情舒畅时，又会莫名地对一个自己并不熟悉的人关怀备至。不仅如此，即使是被我们推崇备至的“理性思考”其实也是情绪化的产物。因为理性思考也是人们在特定情绪状态下做出的思考，不可避免地会受到本人当时心情的左右。

这种我们任何时候所做的决定都由情绪左右的现象，就是心理学上的“情绪定律”。人的情绪有很多种，都会对我们的人际关系产生巨大影响。

杰夫和朋友山姆约定一起出去玩。周日，山姆开着车，和杰夫一起离开了繁华的都市，准备在茂密的绿色森林之中来一次“森林浴”。到了目的地，杰夫和山姆被眼前的景色惊呆了。这种泥土芬芳的味道他们已经好久都没有闻到了。两人停下车子，悠闲地在林子里散步。

将近中午，杰夫感到有些饿了，于是他走向了山姆的车子找吃的。根据事先的约定，山姆负责带午餐。可是找遍了整个车子，杰夫都没有找到食物的影子。这时，杰夫的肚子咕噜咕噜叫起来，他突然感到很恼火，于是对山姆发起了火：“你怎么没带吃的！”山姆说：“我放在车子的顶棚上了。刚才过前边那个拐角时还在呢。可能是掉在路基上了，我去找一下。”

“不用了。”杰夫说道，“我们还是回去吧。出来玩本来很开心，现在真是扫兴。”说着，杰夫就爬进了自己的车子。此时，山姆也不高兴了，他心里想，至于吗？两人开着车回城了，一路上默默无言。从此以后，山姆再也不约杰夫一起出来玩了。

故事中的二人原本是出来放松心情的，可是最后却不欢而散。究其原因，在于掉下车的食物引发了他们的坏情绪。原本兴致勃勃的杰夫因为午餐没有了，所以变得很不悦；但他并没有控制自己的情绪，而是瞬间爆发并埋怨山姆，这样他的不快很快又传染给了山姆。山姆的不快，使得二人之间的友谊出现裂痕。

情绪是我们在日常生活中做人做事的风向标。所以，我们在与他人交往的过程中要注意用自己的好心情去感染他们。好心情是可以传染的。当我们处在由良好心情构成的交往氛围中时，自然也会获得好心情。那么我们的好心情会对他人产生什么影响呢？其实，好心情会带给对方积极意义的心理暗示。

王芳是一名研一的新生。在读研之前，朋友们跟她讲，研究生中的很多人都是已婚人士。对此，她颇为好奇，真不知道跟已婚人士住在一个宿舍会是什么样的景象。所以，王芳对于未来的生活既紧张又期待。

很巧，王芳和两位已婚的姐姐同住。她们对王芳都很热情，帮她搬东西，告诉她周围哪些地方可以逛街买东西。可是，不到一个星期，王芳就感受到了两位姐姐的不同之处。

那位叫梁山的姐姐很喜欢抱怨自己的老公，每当她与身在外地的老公通过电话之后，都要抱怨一番。当梁山不高兴时，她就会向王芳讲，婚姻就是女人的坟墓。王芳还没有交男朋友，可是已经被梁山这种态度影响得对未来的婚姻几乎失去了信心。

可另一位叫作周华的姐姐就不是这样。周华的老公也在外地，但周华每次和老公通完电话之后，王芳都可以感受到她身上散发出的幸福气息。周华从来不抱怨，也不主动向王芳灌输婚姻对女人来说如何如何等观念，她只是每天快快乐乐地生活。偶尔王芳问及她对于婚姻的看法，她也只是淡淡一笑。话不多，只有一句：婚姻就是两个人互相帮扶着走到老。

渐渐地，王芳和周华越来越亲近，而远离了梁山。

为什么王芳会有这样的选择呢？因为梁山就是一个巨大的负能量生产工厂。当和梁山交流时，王芳总会感到一种巨大的压迫感，觉得自己总也高兴不起来。而和周华一起时就不同了。周华快乐生活的态度让王芳感觉到生活充满了光明和快乐。在与周华的交往中，王芳持续不断地接收到了积极的心理暗示，从而使自己对未来的生活充满了希望。

可见，好心情就是块磁铁，它会吸引大家向自己靠近。如果我们想要改变自己的恶劣心情时，一定会选择和那些快乐的人做伴。即使我们没有采取主动，也会因为快乐的人在我们身边形成了一个快乐的小宇宙而逐渐改善自己的心情，变得不那么消沉。所以，在维护人际关系的过程中，要有意识地将自己的好心情传递给他人。这样，只属于我们自己的快乐就会变成多个快乐，而想与我们分享快乐的朋友也会越来越多，我们的人际关系自然就变得越来越顺畅。

不做“囚徒困境”中的“囚徒”

大千世界，无奇不有。人生路上，伤害我们最深的往往是号称最爱我们的人；最让我们失望的往往是我们寄予最高期望的人；给我们最多负能量的往往是我们投入最多情感的人；欺骗我们的常常是我们最信任的人；给我们造成最大损失的通常是我们最看好的“人才”！在人际交往中，似乎很少有值得我们信赖的人，由此，有些人在处理人际关系时，往往保持一种戒备的心理，把对方从内心隔离开来，甚至看成一种敌对、竞争关系。

一个人在与人相处时，最怕变成“囚徒困境”中的囚徒。“囚徒困境”是博弈论中的内容，他原本是犯罪心理学家开发出来的，用来审讯犯人的一种手段。我们知道，审一个犯人，在证据不足的情况下，是很难让对方招供的，因为他知道一旦认罪之后，将会承担到的后果；而审两个犯人往往很容易，因为他们之间往往并不同心。“囚徒困境”就是借助这一点而设计开发出来的，并且在审讯犯人时，屡试不爽。

“囚徒困境”讲的是这样一个案例：

两个囚徒一起偷车，结果被警察发现抓了起来，但是在审讯过程中，又怀疑他们跟另一个重大案子有关，可又苦于没有证据，而囚徒们只肯承认偷车，对另一个案件矢口否认。无奈之下，警察把他们分别关在两个独立的、不能互通信息的牢房里进行审讯，并给他们提供一个规则：如果两个人都不招，由于证据不足，只能判偷车的案子，于是每人将会判3年；如果一方招，另一方不招，那招的人立了功，只判1年，而另一个囚犯将会面临重罚，判9年；如果两人都招供，那证据确凿，每人判5年。这下囚徒们开始发愁了，到底招不招呢？如果不招，万一对方招供了，那自己就被坑苦了，所以站在自己的立场上，囚徒最好的选择就是招供，因为如果对方不招，那自己就面临减刑，占了便宜，如果对方也招供了，至少没坑到自己，并不吃亏，于是最后两人都招供了。其实，对于两个人来说，最好的策略就是：都不招供。这样大家面临的刑法是最轻的；但结果却偏偏是两人都选择招供，双方都面临重罚。

为什么会是这种结果？那是因为囚徒双方都只站在自己的利益上着想，结果双方都做出了自以为有利于自己的行为。

在管理人际关系的过程中，最忌讳的就是各自站在自己的立场上来思考问题，把对方看成一种竞争对手，甚至是敌对对象。由此，做事的时候，只站在自己的立场上追求利益的最大化，想去侵吞合作伙伴的利益。只站在自己立场上追逐利益，本意是为了获得最大的收益，而最终的结果却往往是两败俱伤。有一个流传很广的故事：狮子和野狼同时发现了一只肥鹿，于是商量一起捕捉。它们俩配合默契，很快鹿就得手了。但是在共同分享的时候，狮子却起了贪心，想独享，于是跟野狼争执起来。大战开始，狮子凭借自己的雄壮体魄，把野狼活活咬死，而野狼也拼命攻击，把狮子咬得奄奄一息，导致一死一伤，野狼固然享受不到肥鹿了，而狮子也因为伤势严重无法享受美味了。因为在伤害别人利益的时候，自己可能也会遭受别人的报复，或者丧失了与别人合作应有的信任。

人与人之间，贵在合作，唯有合作才能实现双赢，才能使双方利益达到最大化，这种合作才是可靠的，才是长久的。曾看过这样一个故事，让人深受启发：

一位行善的基督徒，逝世后想看天堂与地狱究竟有何差异，于是天使就先带他去参观地狱，在他们面前出现一张很大的餐桌，桌上摆满了丰盛的佳肴。“地狱的生活看起来还不错嘛！”基督徒笑着说。“不用急，你再继续看下去。”天使回答。

过了一会儿，用餐的时间到了，只见一群骨瘦如柴的饿鬼鱼贯地入座。每个人手上都拿着一双长十几尺的筷子。可是由于筷子实在是太长了，最后每个人都夹得到，但吃不到。“你真觉得很悲惨吗？我再带你到天堂看看。”天使笑着说。

到了天堂，同样的情景，同样的满桌佳肴，每个人同样用一双长十几尺的筷子。围着餐桌吃饭的人们，他们也用同样的筷子夹菜，不同的是，他们喂对面的人吃菜。而对方也喂他们吃。因此每个人都吃得很愉快。

成功离不开人际关系，没有人际关系再大的利益你也往往只能看到，但抓不到手里；如果通过人际关系，互借优势，相互协助，事业进展就会非常的顺利。而要维持这种人际关系，就必须双赢，大家都能从中分到好处。所以，我们要善于创造快乐双赢的人际关系，不要做“囚徒困境”中的“囚徒”。

把对方变成“自己人”

著名心理学家维利曾提出这样一个理论，那就是我们在完善人际关系的过程中，如果让对方知道我们的态度和价值观有相似之处，就会使对方感觉到亲切，对方就更愿意与我们亲近。这样一来，我们就能够很快地缩小与对方的心理距离，人际关系也就变得和谐起来。

这个原理就是心理学上著名的“名片效应”，之所以叫名片效应，是指交际的一方有意识、有目的地向对方表明自己的态度和观点，就像是给出一张名片一样，把自己介绍给对方。

由于这样一种心理现象的存在，我们在处理人际关系时，就要学会给出自己的“心理名片”，对对方喜欢的事情表露兴趣，以最快的速度消除对方的心理障碍，拉近与对方的心理距离。

赵辉是一个文学爱好者，平时特别喜欢写一些文字类的东西。大学毕业后，他很希望能在某文学杂志社找到一份工作，可是由于面试的几家杂志社门槛都比较高，他还没有找到满意的工作。

一天，他又接到一家杂志社的面试通知。赵辉一看，竟是本市最大的一家时尚杂志社。赵辉觉得机会难逢，告诉自己一定要好好把握这次机会。

早就听说这家杂志社的主编有一段很辛酸坎坷的奋斗史。他当初只有初中的文化水平，但是由于与生俱来的写作天赋和丰富的人生阅历才走到今天。赵辉想到其实自己和他有许多相似的地方，因此他面试的动力和信心更加的强烈。

第二天，赵辉来到面试的地方，果然是主编亲自面试。他问了赵辉几个专业方面的问题，觉得不是很满意，便对他说，回去等通知。

赵辉诚恳地向他表达了自己在成长经历中的感悟，特别是对写作和生活的感想。主编听了，觉得面前的小伙子和自己年轻时一模一样，有一种刚强的意志，也有一颗对文学执着的心，于是被深深地打动了。

他立刻说道：“好，我非常佩服你的勇气和执着，那你明天就过来试试吧，能不能度过试用期就要看你的表现了。”就这样，赵辉利用自己和主编相似的生活经历赢得了工作的机会。

当然，赵辉最后也靠自己的天分和努力，在杂志社取得了骄人的成绩。

在生活中，我们总爱和与自己有相同价值观和共同语言的人交往。因为有许多相似点，沟通起来比较方便，还更容易“打成一片”。对于那些有相同经历的人会备感亲切，因为有一种感同身受的体会。就像赵辉，他的实力也许并不比其他面试者强多少，但面试官就是从他的经历和言谈中看到了自己当年的影子，这些相同的感受让他同意录用赵辉，这就是名片效应的最佳证明。

所以，在人际交往中，我们要努力创造条件形成交往双方的共同点，减少相处的障碍，建立健康友好的人际关系。

晓燕是一家女士服装店的导购，她善于和顾客沟通，能在特别短的时间内和顾客建立融洽的关系，其他同事都非常的羡慕。她的秘诀是什么呢？

一天，店里来了两个女孩，其中高个子女孩看中了一条裤子，晓燕很热情地接待了她，并招呼她试穿。从裤子的颜色、款型上来看，女孩穿上特别好看。但是不知是由于女孩原本个子太高的缘故，还是裤子的款型稍微有点短，总体上看还是有那么一点不完美。

高个子女孩很惋惜地说：“要是再长一点就好了。”

晓燕看女孩犹豫着，估计不会买了，便说道：“像我们这种身高稍微高点，但腰部又很细的女孩买裤子就是不好买。要么裤腿长了，裤腰会变大，要么就是裤腰小，裤腿也短。你看，我身上穿的和你试的是同一批货，但是你穿几次，它就会拉长。”

说着，晓燕伸出自己的裤腿让顾客看。

最终，女孩还是买了这条裤子，因为她觉得既然晓燕都能穿了，自己也可以穿。

晓燕善于利用名片效应，用自己和顾客存在的相同问题做对比，使顾客有一种“同病相怜”的感觉，最后成功达成销售。要使对方相信我们的话，需要将自己和对方放在同一战线上，保持一种“同体感”，那么彼此就可以视为一体，实现零距离接触。

名片效应可以消除对方的戒备心理，缓解矛盾和犹豫不决的心态，减少沟通上的障碍。我们无论是在生活中还是在工作中，都需要人际关系作为支撑，需要认识各种各样的朋友。因此，学会利用“名片效应”，博得别人的好感，让别人愿意与我们相处，愿意成为我们的朋友，我们的人际关系网自然也就扩大了。

有事没事多走动

1950 年，美国几位心理学家对麻省理工学院的一部分住宅楼进行了调查。这些住宅楼都是二层楼房，每层有 5 个单元，住的都是学校里的已婚学生。由于学生们并不是长期居住，一些老住户搬走了，新住户就搬进去，因此，住宅楼中谁与谁相邻是随机的。心理学家调查的时候，挨个儿询问学生们相同的问题：“在这个住宅楼，你最经常打交道的、关系最亲密的人是谁?”统计结果显示，学生们交往最多、关系最亲密的，一般都是距离自己最近的人。学生们和隔壁的邻居亲密交往的概率超过 40%，隔一户之后，这个数据下降到了 22%，隔三户之后，亲密交往的概率只有 10%。我们都知道，住隔壁或者是隔两三户，距离变化并不大，但是交往的概率变化却非常显著。心理学家们将这个现象称作“邻里效应”。

生活中，人在潜意识中都更喜欢和那些看似与自己亲近的人交往。

一般来说，住得越近，交往的次数越多，关系越亲密。正所谓“远亲不如近邻”，距离能够影响人们相互之间的情感，因为人们普遍存在一种建立和谐人际关系的愿望。

韩月是一个刚走出校门的大学生，找到工作之后，她在一个公寓里租了其中的一间房，她房间对面是一个单身妈妈及其一个儿子。

开始的一个多月，韩月早出晚归，对邻居没有什么印象。一天晚上，那个街区突然停电了。韩月一直备有手电筒，以备不时之需。她正准备借着手电筒的光亮睡觉的时候，敲门声传了过来。这么晚了会是谁呢？韩月打开门，发现门口站着邻居家的小男孩。

“大姐姐，请问你家有没有蜡烛？”小男孩略显紧张地问韩月，他双手背在身后。

韩月有点不悦，心想：“对面的妈妈也不备蜡烛或者手电，有了特殊情况就让孩子过来麻烦别人。如果我今天借手电给他，说不定他下次还会再来借。还是不要借给他为好。”想到这里，韩月冷冷地说：“没有！”说完，转身就要关门。

“果然没有，我是来给你送蜡烛的！妈妈说你一个人在家，要是没有蜡烛会很害怕，我家有，我妈妈让我给你送过来了。”小男孩一边说，一边把藏在背后的蜡烛递过来。韩月听完，顿时羞得满脸通红，她赶紧向小男孩道谢，还给他取了零食吃。

从那之后，韩月和邻居的关系变得非常融洽，她总是会关注自己的邻居。渐渐地，在这陌生的城市里，韩月也有了家的感觉。

每一个人都希望拥有丰富的人际关系，希望身边有更多的朋友给自己支持，那么，为什么不利用身边的资源呢？比如逢年过节的时候，单位里经常会发一些物品，邻里间的互相走动，不仅增进邻里的关系，有时还会收获意外的惊喜，同时也增加了安全感。用热情与周围的人互动，总是会有意想不到的收获。

张丽华是一家婚庆公司的化妆师，她的业务技能非常熟练，深受领导赞赏。不过，张丽华进公司的时间不长，没有接到大的单子，因此职位没有什么提升。

一天，张丽华看到空了很久的对门搬来了一户人家，当时她就微笑着向自己的新邻居打招呼，对方也礼貌地回礼。第二天傍晚，张丽华做蛋糕的时候，发现鸡蛋不够用，就决定去邻居家问问，即便是没有，也说说话，熟络一下。她礼貌地敲门，开门的是个跟自己妈妈一般年纪的阿姨。张丽华带着歉意很诚恳地说，自己要烤蛋糕，发现家里的鸡蛋还少两个，能不能借用两个。邻居阿姨也是个热情的人，正愁搬家后“人生地不熟”，很痛快地把鸡蛋拿了出来。蛋糕做好后，张丽华还给对门端过去了几块，邻居阿姨也是连声道谢。

就这样，一来二往，张丽华跟邻居渐渐成了好朋友，几乎等同于那位阿姨的干女儿了。有一天，阿姨的女儿过来看望她，她便邀张丽华一起吃饭，介绍彼此认识。吃饭中闲聊，阿姨的女儿跟张丽华说，自己开的婚恋网站近期要举行一次集体婚礼，问张丽华在新娘化妆方面有什么建议。

这是张丽华的专长，她当然知道怎么办了，在向邻居阿姨的女儿介绍了一会儿之后，那阿姨家的女儿请她做这次活动的化妆师，张丽华爽快地答应了。这一大单生意之后，张丽华马上就升职成为公司的主管。

在当下的社会，邻里之间关系疏远已是不争事实。每户人家都装上了防盗门，每个人的心也都上了一把锁。这样的邻里关系令人十分遗憾，其实，每个人都希望能有个热情亲近的邻居，平时生活上有个照应，遇到事情的时候能够相互帮助。因此，我们一定要先打开心门，主动向邻居示好，很少有人会拒绝与热心的邻居交往。

确实，当你用热情对待周围人的时候，他人也会给你相同的回报。在社会中，人们都希望拥有融洽的人际关系，如果能和周围的邻居打成一片，就会最大限度地避免邻里之间的不愉快，也会更好地方便自己。邻里效应归根结底就是要热情对待身边的人，你懂得关心别人，自然也会得到别人的真心。热情对身边的人也是对自己的一种投资，是拥有广阔人脉的一个开始，是一种惠人利己明智的做法。

人与人之间保持适当的距离

有两只过冬的刺猬，冬天到了，它们两个想用彼此的体温来御寒。可是，当它们靠近的时候，它们都被对方身上的刺扎得疼痛万分，不得不分开。然而为了温暖，它们又一次靠近，结果还是吃了同样的苦头。怎么办呢？最终，两只刺猬在两难的境界中找到了解决办法，那就是双方保持适当距离，只有这样，两只刺猬才能够过得平安、温暖。

通过这两只刺猬的故事，我们不禁陷入深深的思考之中。生活中的大家何尝不像刺猬一样，每一个人都需要与人接近、与人交往，但是内心深处却都想保留一个私人的空间。这个私人空间仿佛筑起铜墙铁壁一般，根本不允许任何人的“侵犯”。心理学家通过多年的研究，将人的这种心理特征总结为“刺猬法则”。

刺猬法则其实就是人际关系中的“心理距离效应”。我们都知道，虽然人和人之间都是相互需要，同时也相互帮助、扶持着，但是只有保持适度的距离才能彼此保留私人空间，产生安全感和信任感。在人际关系中怎样保持距离是一门学问。美国西北大学心理学教授霍尔经过大量研究得出这样一个结论：人际关系中的距离相当于“度”，换言之只有保持好交往的频率、距离和尺度等，才能拥有良好的人际关系。

张晓燕是会计专业毕业，凭借自己过硬的专业素质，她如愿以偿地进了一家进出口贸易公司。张晓燕不仅谦虚好学，手脚勤快，而且非常有眼色，很快就赢得了主管的好感。主管对她格外照顾，经常对她的工作进行指导，公司有什么好事，主管也都常常想着她。张晓燕为了表示感激，经常主动跑腿帮主管办一些无关紧要的琐事。而且两人居住的地方恰巧离得不远，下班后主管就常让张晓燕搭个便车。渐渐地，两人的关系就超出了普通的上司与下属的关系。

有一次公司任务比较繁忙，完工后上司让张晓燕跟同事们先走，他自己还有一点儿工作要处理。张晓燕在公司附近的快餐店吃过晚饭，忽然想起主管一直在加班，还没有吃晚饭，就买了一份饭给主管送去。主管的房门虚掩着，他没敲门就直接闯了进去，结果看见主管的爱人已经在里面了，而且主管的爱人已经给主管带了便饭。

张晓燕进门的时候，主管的爱人正搂着主管的脖子不知道说些什么。张晓燕的突然出现让屋里的两个人非常惊讶，特别是主管的爱人，微微带着怒气。

这原本只是个小小的误会，但是这一幕又刚好被两个值班的同事看见。大家当时都没说什么，但是都觉得有点尴尬。后来张晓燕发现，女同事刻意躲着她，主管对她客客气气的，下班后也不邀请她搭便车了。

有一天，公司里忽然传出主管跟张晓燕关系暧昧的消息，还说原配都发现了。其实大多数人都知道这是谣言，但还是抱着开玩笑的态度传播。没多久，沸沸扬扬的消息让主管受不了了。刚好，公司在西部地区成立办事处，张晓燕就被调到了那个谁也不愿去的地方去了。

张晓燕错就错在和主管走得太近了，最后让同事们起了误会，也让主管感到了不安。现实生活和工作中，很多人拿捏不好人际关系的分寸，在与人交往的时候，不是太过于冷淡就是太过于热情。冷淡会使得两个人变得越来越陌生，而过于热情则给人一种压迫感，让人难以接受。生活中，很多人的朋友逐渐“流失”就是因为某一方或者双方把距离逐渐疏远了，最后失去了交情。而很多时候，两个关系不错的人闹翻，都是因为距离太近造成了一些误解或者厌烦。比如说有的恋人会在毫无征兆的情况下提出分手，理由是：“你对我太关心太热情了，事事俱到，我觉得压力很大”。又如有的人和同事或者新认识的朋友聊天，滔滔不绝，什么秘密都跟对方说，并且肆无忌惮地谈论对方的事情，这会让对方觉得这个人不值得信任。

那么，我们平时在维护人际关系的时候，应该保持什么样的距离呢？

1. 比较亲密的距离

亲密距离的范围在 0～40 厘米之内，一般来说，只有关系亲密的两个人之间才会保持这样的距离，比如亲人、恋人、好朋友。这种距离范围，双方基本上是不设防的。

2. 礼仪距离

范围大概 45～120 厘米，这是人际交往中稍有分寸感的距离，适用于普通朋友、同事之间的相处。也就是对方是认识的人，但又不是很亲密。如果与素昧平生的人保持这种距离，就会构成对别人的侵犯。

3. 社交距离

这个范围为 1.2～3.6 米，是一种社交性或礼节上的关系距离，一般在工作环境和社交聚会上，如企业或国家领导人之间的谈判，工作招聘时的面谈等，人们都保持这种程度的距离。

4. 公众距离

范围在 3 米开外。一般适用于演讲者与听众、彼此极为生硬的交谈及非正式的场合。

这四种距离分类虽然是按照物理距离划分的，但是也能够体现出我们与人交往的时候应该保持的心理底线。比如说亲人恋人之间，可以分享的事情就比较多，心理距离更近。同事或者客户，最好保持礼仪距离，工作之外的事情少谈。陌生人就更要保持安全距离，不威胁到对方的心理空间。

总之，人与人之间交往的时候，要想保持顺畅的人际关系，就必须考虑到对方的心理防线，不能随意突破。既要学会和别人友好交往，又要保持合适的距离，不让彼此之间陷入尴尬境地。

任何时候都不要以己度人

1974 年，心理学家希芬鲍尔曾做了这样一个实验：

他邀请一些大学生作为被试者，将他们分为两组。给其中一组学生放映喜剧电影，让他们心情愉快；而给另外一组学生放映恐怖电影，让他们产生害怕的情绪。然后，他又给这两组学生看相同的一组照片，让他们判断照片上人的面部表情。

结果，看了喜剧电影、心情愉快的那组大学生判断照片上的人也是开心的表情，而看了恐怖电影、心情紧张的那组大学生则判断照片上的人是紧张害怕的表情。

这个实验说明，被试的大部分学生将照片上人物的面部表情视为自己的情绪体验，即将自己的情绪投射到他人身上。这就是著名的“投射效应”，对人际关系的影响至关重要，所以我们在与人交往时，一定要正确运用这种效应。

一天，宋代大文豪苏东坡到金山寺跟佛印禅师打坐参禅。两人坐了一会儿后，苏东坡觉得身心通畅，于是问禅师道："禅师！你看我坐的样子怎么样？"佛印禅师看了看他，回答道："好庄严啊，像是一尊佛！"苏东坡听了非常高兴。而佛印禅师却接着问苏东坡道："学士，你看我坐的姿势怎么样？"苏东坡向来与佛印禅师交好，却从来不放过嘲弄禅师的机会，而两人已经相互习惯并以此为乐。苏东坡看了看佛印禅师后，马上答道："像一堆牛粪！"佛印禅师听后也很高兴，竟然笑出来了。

苏东坡把禅师喻为牛粪，而禅师竟无以为答，反倒是大笑起来。苏东坡认为自己这次是在口头上赢了佛印禅师。心里更是高兴极了。回家后，他便把这件事当作喜事告诉他的妹妹苏小妹，说自己赢了佛印禅师。

而苏小妹却没有苏东坡那样的好心情，她一脸严肃，反问道："哥哥，你究竟是怎么赢了禅师的？"苏东坡更是眉飞色舞，神采飞扬地将刚刚发生的事情又如实叙述了一遍给苏小妹听。天资超人、才华出众、极具慧根的苏小妹听了后，正色说道："哥哥，其实你输了。佛家有言：'佛心自现'，他看你如佛，而在你的心中佛像牛粪，所以你看禅师才会觉得像牛粪！"苏东坡恍然大悟，顿感羞愧万分。

这里所谓的"佛心自现"，其实是一种心理效应的体现——投射效应。在故事中，佛印就是利用这一点，回击了苏东坡。因为他既然觉得苏东坡是一尊金佛，说明他内心的品质投射出来的就是一尊金佛，而苏东坡内心的投射则是牛粪。

所谓投射效应，其实就是以己度人，投射效应其实是以自己的喜好和感受来看待别人，把自己的情绪、感受投射到他人身上并强加于人的一种认知误区。投射效应主要分为三种表现形式：

第一种形式是相同投射，即认为他人跟自己一样，从而把对方进行了同化。比如说有的人非常单纯，他们会觉得外面世界中的所有人都是善良无害的，这样的认知会让他们毫不设防。还有的人过于复杂，与人交往的时候，会觉得所有人都是城府太深，都不能成为真正的朋友。这两种看法都是错误的，每个人都是不同的，具体情况具体分析，不能按照自己的认知一概而论。

第二种形式是愿望投射。即把自己的主观愿望强加于对方，总是认为别人的感受和自己一样。有这样一个小故事，很能说明这个现象：

一个年轻爸爸，在秋末冬初的早晨带着自己的儿子去赶集。他们是走水路去的，爸爸摇橹，儿子坐在船头。爸爸摇了一会儿之后，出了一身汗，觉得衣服太厚了，就脱掉了棉衣。这个爸爸不仅脱了自己的棉衣，还脱了儿子的棉衣，一边脱还一边说："今天挺热的，不应该穿这么厚。"

然后，这个爸爸又开始摇橹了。又过了一会儿，他又觉得热，把自己的毛衣也脱了。脱了之后，他又要脱儿子的毛衣。儿子哭着说："爸爸，别脱了，我冷！"

这个爸爸的所作所为就是愿望投射导致的，他自己摇橹摇热了，就觉得儿子也会热。我们在生活和工作中，要避免这种认知误区，千万不要把自己的感受强加于别人。

第三种形式是情感投射。认为别人的好恶与自己相同，进而按照自己的思维方式，试图影响他人。这种认知误区非常常见，很多人喜欢某个明星或者某件事的时候，会滔滔不绝地讲给自己的朋友听，甚至会强迫自己的朋友也喜欢，这是不对的，容易遭到朋友们的抗拒。

刘磊喜欢上了一个女生，对其展开了热烈追逐。为了哄这个女孩子开心，他经常请女朋友吃饭。刘磊比较喜欢吃烤鱼，所以每次请这个女生吃饭，都会点烤鱼。

开始时，这个女生为了顾全刘磊的面子，也和颜悦色陪他一起吃。可是后来，刘磊发现，每次他提到请这个女生吃饭的时候，对方都会以各种理由说不去，即使去了，也吃得很少，而且对他的态度也越来越冷淡。

刘磊觉得自己一定是做错了什么事，就找这个女生谈。谈了一会儿之后，这个女生说出了自己不喜欢跟他一起吃饭的原因：“你喜欢吃烤鱼，每次都点，可是你从来不问我喜欢不喜欢。其实我不喜欢吃烤鱼，我喜欢吃火锅。你从来不问我，只是点自己喜欢的。我觉得你并不是喜欢我，因为你从不为我考虑。我们还是不要在一起了。”女生的话让刘磊无话可说。

刘磊并不是不喜欢这个女生，但是他犯了投射效应的常识性错误，陷入了心理误区，最终没有得到这个女生的青睐。

大多数情况下，投射效应会影响我们对别人的判断，让我们的交际陷入困境。不过，投射效应也有一定的正面作用，比如，当我们想要帮助别人解决某个困难的时候，可以利用推己及人的方法，为别人找到有效的解决方案。

林丹开了一家情侣主题餐厅。他的餐厅装修得很好，饭菜也很好吃。可是，生意一直不温不火，这让他非常苦恼。

有一次，林丹跟好朋友宋小凡一起吃饭的时候，提到了这个问题，宋小凡提议到林丹的餐厅看看。

当时是晚上8点，宋小凡到了林丹的餐厅之后发现，餐厅里面灯光很亮，各个角落都没有阴影。他联想到自己和女朋友一起吃饭的情景，心里大致有了谱。宋小凡说：“我觉得应该是灯光的问题。情侣一起吃饭，很多时候是为了浪漫。如果灯光太亮，情调就没那么浪漫了。试试把灯光调暗一点呗！”

林丹觉得有道理，就重新更换了餐厅的照明设备，整体效果果然温馨了许多。半个月之后，餐厅的回头客多了起来，生意也慢慢好了。

投射效应其实就是推己及人的心理。这种心理有两面性，我们一定要注意，要多利用同理心为别人考虑，而不要盲目地把自己的感受强加于别人身上。善解人意，了解别人的内心，却又不让别人觉得压抑，才能让自己变成受欢迎的人，人际关系才能变得更加广泛。

互利互惠，使其回报人情

我们常会有这样的心理："这事儿，反正力所能及，即使麻烦点也能搞定，不如送他个顺水人情，指不定咱将来也有要劳烦人家的时候。"由此看来，给人以人情，也是种善因得善果的行为。倘若能为，何乐而不为？这也是利用了人际交往中的互惠原理。

所谓互惠原理，即人们在收到对方好处时，会试图以相同的方式给予回报。比如替他人背了"黑锅"，对方会将这份恩情铭记在心，下次在适当的时候给我们以援手。比如结婚收了同事 500 元的礼金，下次对方结婚的时候，我会包 600 元以回赠。

互惠的情况常常来自于我们无意中受到了别人的恩惠，就会怀抱负债感，试图以后有机会回报给对方。可这负的是什么，要还的又是什么呢？这就是人情债。互惠原理也就是收了他人的人情，要还的就是这份"人情债"。我们常说的"知恩图报"，大致也有这层意思在里面。

维克多家经营着一家食品店。这家食品店建立于数十年之前，名声非常响亮。维克多的父亲死后，维克多成为该食品店的经理。他希望能通过自己的努力，使得食品店不断发展壮大。

一天晚上，维克多正在食品店里收拾东西。他打算比平时早一些关闭店门，因为第二天他将会带着妻子去度假。就在他忙碌的时候，突然看到店外站着一个流浪汉。那个流浪汉穿着破破烂烂的衣服，双眼深深陷到眼眶里，脸上没有一丝血色。可以看出，他已经很久没有吃过东西了。

维克多是一个乐于助人的人。他停下手里的活儿，走到那个流浪汉面前，说："年轻人，我能帮你做点儿什么？"

那个流浪汉用带着浓重的墨西哥口音的英语说："请问这里是维克多食品店吗？"

"没错，这里正是维克多食品店。"

流浪汉非常羞涩地小声说道："我是墨西哥人，来到这里本来打算找一份工作，可是我找了整整两个月，都没有一家公司雇用我。我父亲年轻时也曾来过美国，他对我说，他对你的商店印象深刻，因为他在这里买过东西。看，这顶帽子就是在你的店里买食品的时候送的。"说着，他指了一下头上戴着的那顶十分破旧的帽子。

维克多看了那顶帽子一眼，发现那的确是从自己店里卖出去的，因为帽子那个被污渍弄得模糊不清的"V"字形符号正是自己商店的标志。

流浪汉继续说道："我从家里来到美国时，就只带了一点儿钱。我一直没有找到工作，钱都已经花光了。现在我已经好几天都没吃过东西了，而且连回家的路费都没有了。我想……"

维克多明白了这个年轻人的意思。他十分清楚，自己面前的这个年轻人只不过是多年前一个顾客的儿子，自己并没有义务为这个年轻人提供帮助。可是，他觉得自己不能这样无情。于是，他把这个年轻人请到店里，准备了很多食品，让年轻人填饱肚子。

年轻人吃过饭后，精神状态好了很多。维克多与他攀谈起来。他们很谈得来，很快就成了好朋友。为了帮助年轻人回国，维克多还主动拿出一笔路费。

几十年过后，维克多食品店取得了很大发展，在美国很多地方都建立起分店。为了让生意做得更大，维克多打算把连锁店开到国外。可是，由于在国外没有根基，开店的风险非常高。因此，他一直没有做出最后的决定。

后来有一天，他突然收到一封从墨西哥写来的信。写这封信的人就是他多年前救助的那个流浪的年轻人。现在这个流浪的年轻人已经今非昔比。他自己开了一家大公司，每年都赚很多钱。他给维克多写信，希望对方到墨西哥与他一起发展事业。

接到信后，维克多的顾虑一下子就打消了。在这个曾经流浪的年轻人的帮助下，他把连锁店开到了墨西哥，他的向海外发展计划迈出了坚实的第一步。

试问，如果维克多没有为那个流浪的年轻人提供帮助，并与之结为朋友，那么他又怎么会轻易地把连锁店开到墨西哥去呢？所以，互惠原则是多数人心中的普遍原则，也是我们管理人际关系的重要原则。

李科大学毕业后去了南方一家小公司工作。在这家公司里，他负责帮助老板处理一些文书工作，整理一些材料。虽然他每天都忙得不可开交，但是只能拿到很少的工资。

但是，李科省吃俭用，仍旧存下了一些钱。当他准备用这些钱装修家里房子的时候，他的好朋友黎华给他打电话，说自己想要到美国发展，急需一部分钱。李科看黎华比较着急，就把自己的钱借给他了。

黎华非常感激李科，他到美国没多久，就积攒下了钱，把借的钱还给了李科。两人时常聊天，关系更胜以往。

有一天，黎华给李科打电话，说他回国了，打算找几个关系不错的同学一起吃顿饭。李科很想念黎华，所以马上答应了下来。吃饭时，李科提起来自己的事业，唉声叹气。因为他辞了职，想要创业，但是试了两三个行业，都以失败告终，非常苦闷。

这时候，黎华说："你提到创业我想起来了，我在美国的时候，发现那边有很多自动售货机。这种机器不需要人看守，而且一天24小时都可以出售商品，随着时代的发展，这种新的售货方式具有很多优点，将会越来越普及。我原本是准备告诉我的亲戚，看他们谁有兴趣做，现在既然你也在创业，你就做吧！需要什么信息，我帮你查！"

听完黎华的话，李科对这种自动售货机产生了浓厚的兴趣。他想道：将来这种自动售货机一定会遍及大街小巷，目前南方地区还没有一家公司经营自动售货机，所以经营自动售货机的前景将会一片光明。而且，这项生意并不需要太多本钱，我为什么不经营这个新行业呢？

想到这里，他又向黎华详细询问了相关问题，黎华也给他找了足够详尽的资料，还帮他做市场调查。最后，李科下定决心经营自动售货机。他从亲朋好友手中借来30万元钱，之后买来20台自动售货机，设置在一些人流量大的公共场所，之后便开始用自动售货机卖饮料、报纸杂志等商品。结果，自动售货机在第一个月就为他带来100多万元的利润。此后，他又用这些钱购买了数十台自动售货机。半年过后，他不仅还清了所有欠款，还净赚了1000多万元。

李科从一个打工仔，变成一个千万富翁，主要得益于他从朋友黎华那里得来的信息，并根据信息进行投资。如果没有从黎华口中得到这个信息，他可能还是一个打工仔，每天还在忙得焦头烂额，却只能拿到微薄的工资。

在管理人际关系的过程中，要想让对方主动对你提出帮助，就可以利用对方的负债感。但其前提是，我们要在适当的时候，对对方施以了援手，这份人情让对方牢记于心。在我们需要帮助的时候，对方自然会想着尽可能地对我们提供帮助，即所谓："滴水之恩，当涌泉相报。"

第八章

扩展人际：短时间内征服陌生人

在各种社会交往中，人与人之间都是从不认识到认识、从不熟悉到熟悉。可以说，陌生人是我们每一个人生命中必须面对的，它是一个庞大的群体，也是人际关系中一个关键的群体。只要你以诚相待，用真心换真情，陌生人也一定能成为你的好朋友。

放下心理负担，从陌生人开始

有位大龄青年，30多岁了还没结婚，周围人都替他着急。一次，好心的邻居为他介绍一位姑娘，约在咖啡馆见面。

大龄青年来得早，就在座位上等。一会儿，姑娘到了，大龄青年连忙站起来，让姑娘坐下，可是因为紧张，起来的时候差点把椅子带翻了。姑娘没有介意，坐下之后，只见这位大龄青年低着头，不断地搓手，一句话都说不出来。为了打破尴尬气氛，姑娘先说话了，问他："你想喝点什么？"大龄青年语无伦次地说："啊，我吃过饭了。"姑娘觉得好笑，也就不再搭理他。没想到，整个过程中，大龄青年一直低着头，竟然一句话都说不出来。20分钟过后，姑娘生气地走了。

其实，这位大龄青年的问题，我们很多人多少都会有，那就是，面对陌生人，虽然有沟通的欲望，但由于各种各样的心理负担，会在陌生人面前放不开，从而影响正常的沟通。

这些心理负担主要包括两个方面：

一是害羞。这是一种正常的心理反应，研究表明，一半以上的人都有害羞心理。害羞的人，生怕自己表现不佳，影响了自己的形象，这样的人不允许自己有一点点不好的表现，他们常常会想：别人是怎么看自己的？这种担心像包袱一样压在心里，让他们在人前不能自如地表现。

二是害怕。我们从小就被告知，"不要和陌生人说话，不要轻易相信陌生人”。正是在这种担心下，我们和陌生人相处时，会产生一种很强的防备心理，不能正常交流。但是，良好的关系都是从陌生开始的！我们需要跟陌生人交朋友！这就需要我们放下这些心理负担，去建立正常的人际关系。

刘洪源在北京一所高校上学的时候，由于家乡甘肃离学校比较远，没有同学、朋友做伴，经常自己一个人坐火车回家。火车上熙来攘往，可以遇见很多陌生人，正是因为大家都不认识对方，往往都沉默着坐到终点。

有一次，刘洪源在车上遇到另一个回家探亲的年轻人，平时沉默的他居然主动和对方搭讪，对方也很友好地与刘洪源攀谈起来。后来才知道，这个年轻人原来和自己同在北京上学。由于路途遥远，他们聊了很久，一直聊到分别的时候，留下了各自的联系方式。

后来，与刘洪源邂逅的那个年轻人进了一家外贸公司。两年之后，刘洪源就要毕业了，他本想回家乡工作，可是在回家的火车上又遇到了年轻人，这个时候他已经是部门经理了。虽然两年过去了，他们都没有再见面，电话号码存在手机里也一直没有去拨打，但他们依然还是像上次一样交谈，而且更加没有拘谨的感觉。这时，对方的一席话，使得他下定决心留在北京。

后来，在这位“朋友”的帮助下，他很快找到了一家公司。刘洪源凭着自己的勤奋和努力，取得了不俗的业绩。现在他已经被一家跨国公司挖走，并担任人事主管。

其实没有人天生就有一大堆朋友，大部分朋友是自己从陌生人中间创造出来的。有人说，熟人只是自己画的一个小小的圆，而陌生人则是小圆外的无数大圆。事实上，这些大圆才是你交际的难点所在。

我们要记住的是，陌生人不是过客，可能会是我们人际关系中重要的一个环节。那么，我们该怎样放下负担，同陌生人去交往呢？

1. 需要真诚

真诚是与陌生人交往的第一法则。人们其实不喜欢那些假扮的圣人。所以，如果自己身上存在着明显的缺点，也大可不必害怕别人看见，故意隐藏。不如大方地告诉对方，不仅自己放松了，还会消除与对方的距离感，赢得对方的好感。接下来的交往就会轻松很多。

2. 需要信任

在与陌生人交往中，要相信他人的真诚，从积极的角度去理解他人的动机和言行，而不是胡乱猜疑、互相设防，这样才会获得他人真心实意的回报！

3. 需要自信

俗话说，自爱才有他爱，自尊而后有他尊。在与陌生人交往时，要认识到你们是平等的。用落落大方、不卑不亢、从容大度的谈吐，来使对方放松，才能消除彼此的陌生感。

4. 需要热情

主动和人攀谈，能给人以温暖。慢慢消除对方冷漠的态度，他才有可能和你进一步沟通情感。

总之，要克服负面心理，在与陌生人交往中形成一种积极的认识，而不是将人与人之间的关系视为尔虞我诈。放下心理包袱，用真诚热情的态度，软化陌生人的冷漠，才能与陌生人发展成朋友，建立良好的人际关系。

克服恐惧心理，和陌生人聊得来

说话是个大问题，一张能言善辩的巧嘴是我们与他人交往的必备工具。然而，很多人却没有发挥好说话这个功能。

有些人不会说话原因不在于思维迟钝，而在于内心，他们一见陌生人就脸红心跳，手足无措，说话结结巴巴，最后只好沉默。这就使得他们很难与陌生人进一步交流，更没办法进一步交往。这是很多人在社交场上的一大障碍，也是不能很好地发展人际关系的主要原因之一。

小邱就陷入了不敢说话的苦恼中，在工作中进退不是。

小邱是个性格内向的女孩，在学校里一直寡言少语，但在那个学习成绩决定大家能否毕业的时候，她的沉默和努力成就了她，小邱的成绩一直都很优秀，最后她顺利从大学毕业，同时和家人介绍的男友结婚了。不久，小邱就有了宝宝，因此她一直没有出去工作，全心全意地守在家里围着宝宝转了三年。后来宝宝上了幼儿园，家人帮小邱在电视台找了一份工作，在这个喧闹繁杂的工作环境中，她看别人忙得风风火火，谈天说地好不热闹，小邱也想加入进去，但内向的她就是不知怎么张口，不知该说什么话。她也不会在公共场合，如部门会议的发言中展示自己。就这样几个月过去了，她一直默默无闻，没有朋友，工作也没有什么业绩，她感到焦虑不安，心里只剩下一个念头：逃离这个工作岗位。

像小邱这样的人在我们周围大有人在，很多人因为性格的原因，无论何时遇见陌生人时，心里都会七上八下，不知怎样才能打开话匣子。

其实仔细分析小邱这一类人的心理，他们害怕和陌生人说话主要是因为害怕自己被拒绝，害怕自己的主动不能得到别人的积极响应，从而让自己陷入窘迫、尴尬的境地，进而伤及自己脆弱的自尊心，更怕自己因这拒绝成了大家嘲笑的焦点，会很没面子。事实上，如果我们进行一个换位思考，假如别人主动向你善意地打招呼，你会拒绝吗？相信你的回答会是：除非我心情不好，但我也不会伸手去打笑脸人。是的，除非你性格古怪，不喜欢别人打扰，否则大部分人都不会拒绝别人主动的示好。因为这是彼此展开交往的第一步。

即便是萍水相逢的陌生人，如果其中一个能主动打招呼，并开始彼此交谈，那么他们也很有可能成为好朋友。

一辆火车奔驰在美国的大地上，在一个独立的车厢里，有一对陌生男女。看得出来，这位男士对坐在他对面的女士非常感兴趣，于是他便没话找话地说："小姐，请问你这是去哪里啊？你没带行李，估计不是去旅行吧。"女士从她的杂志上抬起头来，看了看这位陌生男士，说道："我去菲尔德镇，我家就在那儿，没必要带行李。""哦，菲尔德镇，那可是个风景优美的好地方，不是吗？"女士笑着点了点头。这时，那位先生趁热打铁地说："我还记得车站旁边的那个咖啡馆，里面的咖啡味道真是棒极了，不知现在是否还在？一年前我还去过那里，时间过得真快！""哦，您说的是布朗咖啡馆吧！是的，我周末也常去那里，气氛真不错，布置得也非常有情趣。"女士答道。

就这样，双方的交往从男士的一次主动交谈开始，后来他们互留联系方式，成了很好的朋友。

世上本没有恐惧这个东西，它只存在于自己的心里，心又控制了我们的嘴巴，而嘴巴又让我们失去了朋友。也许很多人会说："其实我也明白这些道理，但是一旦遇见陌生人，我的心里就像有一道屏障。我一直鼓励自己主动去打招呼，可我的腿像灌了铅，我的大脑像被麻痹了，我的嘴也被锁住了。"这时该怎么办呢？方法很简单，不要想我们的腿、我们的大脑、我们的嘴，把所有的意念集中在我们的交往对象身上，反复告诉自己，我想和他说话，我要和他深入交谈。有了这个心理准备之后，我们就来试试下面的一些方法：

1. 说出自己的感受

和陌生人交流时，第一句话可以直接说出自己现在的感受，例如正在参加一个聚会，可以直接说"我在这里一个人也不认识"或"我不知道该讲些什么”、“我不太会说话，真的很不好意思”。这样坦诚地暴露自己，一方面可以缓解内心的紧张，另一方面也会得到他人的理解和响应。

2. 多围绕对方展开话题

人们往往千方百计地使别人注意自己，这是人的天性，以对方作为谈话的开端，往往能让他对我们产生更多好感。如赞美陌生女人，可以说：“你的衣服搭配得真有品位”、“你的发型真的很适合你的脸型”等，这些能很快加深彼此之间的关系。但如果我们羞于见面就说这些话，也可以退而求其次，可以说“你看的那本书正是我所喜欢的”等表示共同兴趣爱好的话。

3. 多提问

性格内向，害怕和陌生人讲话的人在与陌生人交流时，不妨多提问。如：“你工作忙吗?”“你喜欢今天的晚餐吗?”等等，通常人们会热心地回答，特别是他们感兴趣的话题，这样可以把话题延续下去。

我们也可以做个很好的倾听者，一旦通过发问的方式把对方的话匣子打开了，如果接下来还是感到窘迫，那就做个好的倾听者吧。在紧要的时刻随声附和一下，让对方觉得我们正听得津津有味即可，这样彼此之间的关系也会有进一步的可能。

4. 不要不好意思

若是发现一个陌生人与我们说话时，他的眼睛一直凝视着我们，这时千万不要因不好意思而退缩。我们可以多和他谈论一些有思想性的话题，因为这类人更善于思考，可以提一些这方面的问题，他会很乐意和我们探讨下去。

要记住，对别人产生好奇的同时，对方也对我们产生好奇，而这好奇心不仅可以给我们打开一个新奇的世界，还能带来难得的朋友。人生大舞台，千人不同面。只要克服害羞心理，克服觉得自己平淡无奇、没有人会对自己感兴趣的自卑心理，大胆地表达出自己的见解，和别人分享我们的趣事。不要害怕被人拒绝，也不要害怕我们的观点与他人不同，只要彼此以诚相待，总会找到共同感兴趣的话题。

初次见面时，使双方关系瞬间升温的技巧

在人际关系活动中，难免会同一些陌生的面孔打交道。当然，无论两人再怎么陌生，也还是要开始交流的，那么，如何表达好这第一句话也是不容忽视的。对于两个原本陌生的人来讲，如果第一句话没有讲好的话，很可能会给以后的交往带来不利的影响。因而，社交活动中，如果想要利用第一句话来打动对方，就要把握好这几个关键：亲切、贴心、消除陌生感。相信如果能够做到这几个方面的话，我们的开场白就成功了。

一位演说家说："开头的10秒钟是最能吸引观众注意力的时间。"如果每一个人能够巧借着10秒钟来表达自己，就可以在接下来的整个交际场面中形成一种有利于我们的形势。那么，在社交活动中，我们应该如何把握这最初的10秒钟，说好第一句话呢？

1."攀亲认友"式开头

一般来说，对一个素不相识的人，只要事前做一番认真的调查研究，往往都可以找到或明或暗，或近或远的亲友关系。而当我们在见面时及时拉上这层关系，就能一下子缩短心理距离，使对方产生亲近感。

1984年5月，时任美国总统里根访问上海复旦大学。在一间大教室里，里根总统面对数百位初次见面的复旦学生，他的开场白是这样说的："其实，我和你们学校有着密切的关系。你们的谢希德校长同我的夫

人南希，是美国史密斯学院的校友。照此看来，我和在座各位自然也就都是朋友了！”

此话一出，全场鼓掌。短短的两句话，就使几百位黑头发黄皮肤的中国学生把这位碧眼高鼻的美国总统当作了十分亲近的朋友。接下去的交谈自然十分热烈，气氛极为融洽。

里根总统能在如此短的时间内打动如此多的陌生人，拉近心理上的距离，靠的就是他紧紧抓住了彼此之间还算“亲近”的关系。

2.“扬长避短”式开头

人人都有自己的长处，也都有短处。人们一般都希望别人多谈自己的长处，不希望别人多谈自己的短处，这是人之常情。跟初见者交谈时，如果以直接或间接的方式把赞扬对方的长处作为开场白，就能使对方感到高兴，对我们产生好感。

有一回，被誉为美国“销售权威”的霍依拉先生，为了替报社拉广告，去拜访梅依百货公司总经理。寒暄之后，霍依拉突然发问道：“您是在哪儿学会开飞机的？总经理能开飞机真不简单啊。”

话音刚落，总经理兴奋异常，谈兴大发，广告之事自然不在话下，霍依拉还被总经理热情地邀请去乘坐他的自备飞机。

3.“仰慕”式开头

社交活动中，我们经常会听到一些“我早就拜读过你的大作”或“我早就听说过”之类的开头，可以轻松地表达出对对方的敬重、仰慕之情，当然这也是热情有礼的一种体现。但是，在使用这种方式开口的时候，一定要掌握分寸、适当地表达，不能使用一些过于夸张的语气。同时，话题的重点要放在对方引以为豪的事情上，才能避免表达过于造作。

4.“投其所好”式开头

与人第一次见面时，如果能用心了解对方的兴趣爱好和关心的话题，就能缩短双方的距离，而且给人留下细心、会观察和善于照顾人的良好印象。

林叔和芸姨都是鳏寡之人，经人介绍在一家茶馆里见面。林叔点了一杯绿茶，说："淡泊名利，清茶一杯。我最爱喝茶，你要点什么呢？"芸姨回答说："我神经有点衰弱，喝茶晚上会睡不着，还是来杯白开水吧！"听到这里，林叔捕捉到一个信息，开始说："是吗？到了我们这个年纪，最要紧的还是身体啊。我从医书上看到，说神经衰弱……"

芸姨的话匣子也被打开了，两人从中老年人的身体问题开始谈起，越聊越开心。

5. "问好"式开头

社交活动中，在使用这种开头时，还要注意不同的人要使用不同的问候，不同的时间问候也会有所不同。比如，当遇到一位年长者，"老大爷，您好！"显得亲切；遇到一位老教师时，"张老师，节日快乐！"等都能很好表达我们的敬意，同时也可以轻松展开话题。

总之，良好的开头可以帮助我们在社交活动中迅速地吸引对方的注意，得到对方认同，更有利于接下来社交活动的开展。然而，想要顺利地完成社交活动，接下来的谈话也同样重要。因而，每一个人都要多学习一些语言表达技巧，把它变成助我们社交成功的有力武器！

这样与陌生人沟通最有效

生活中我们常常发现这样一种现象：很多人在和熟悉的朋友见面时特别放得开，但是在和陌生人初次见面的时候经常显得局促不安，甚至还有紧张的成分。如果此时沉默不语的话，是很难和陌生人打开话匣子的，更别说结交朋友了。为了让初次见面的人很快地进入我们的交际圈子，同时避免这种尴尬的氛围，在和陌生人见面之前，最好给自己设计一套“推销自己”的方案，这样就能很快和陌生人打成一片。

1. 记住对方的名字

名字是让一个人在最短的时间内记住我们的最好方法。与人初次见面，可以对自己的名字做一个风趣而又简单的介绍。比如：“我姓马，马到成功的马，相信你在遇到我之后，无论做什么事情都能够马到成功！”

2. 将对方的名字挂在嘴边

在看电影电视剧的时候，那些角色总是这样说话：“谢谢你，小方！”“小方，你认为这份计划书怎么样？”像这样，不时地将对方的称呼挂在嘴边，就能够很快地让对方感受到我们对他的重视，并且对我们油然而生一种亲切感，因为一般情况下，只有自己亲密的朋友才会叫自己的名字，这也是对对方的一种认可。在与陌生人首次接触的时候，因为我们对对方其他的方面都不是很了解，如果我们不时地叫出对方的名字，一定会在第一次谈话结束时给人留下相对深刻的好印象。

3. 重复对方说过的话。

在和对方聊到一半的时候，如果能把对方之前说过的话拿来做引子，另起话题，一定会让对方觉得我们很重视和他之间的谈话，尤其是他感到比较得意或印象深刻的事情，这会让对方感到非常愉快。

4. 了解对方的基本情况

有位记者去采访一位很有名的明星，主要是想谈论一下明星新拍的电影。见到明星之后，记者的第一个问题就是：“请问您新拍的电影叫什么名字？您出演的又是什么角色呢？”明星非常不高兴地说道：“请问您今天是来做什么的？电影的宣传片您都没有看过，我想我根本没有必要接受您的采访。”

如果是主动约见从未谋面的对象，一定要事先了解对方的基本资料，只有让对方感受到我们对他的了解和关注，才能让对方从心底接纳我们。而上面这个记者就犯了这个极为低级的错误。

5. 适当暴露缺陷

很多时候，适当暴露自己的缺陷可以赢得关注。实际上，一丁点瑕疵根本遮掩不了个人的光辉。之所以这样说，是因为坦率地暴露缺点，反而使人对我们正直、诚实的作风留下深刻的印象，而这种诚实、正直往往转变成别人对我们的信任，我们自然也就可以从中受益了。当然，暴露自己的缺点，绝不是毫无保留。一定要把握一个度，让对方觉得我们“除了有点小缺点外，没有什么大毛病，整体来说是个相当不错的人!”这样才能让我们的好形象印在对方的心中。

6. 不要过分掩饰自己

不要掩饰自己，把自己真实的性格展示给对方。有时候我们不想让对方看透自己，觉得对方发现自己的弱点是个糟糕的事情，可这样做的结果是最终束缚了自己，不能畅所欲言、自由表现。如果这时把自己性格的真实一面展示给对方，不要有太多的顾虑，反而会获得好的效果。

7. 坐在对方旁边的位置

常见到有些人在和陌生人见面之后，总是带着紧张和畏惧的心理，恨不能离人家远远的。可是这样做对对方了解我们没有任何益处，因此，为了制造初次见面的亲切感，可以坐在对方旁边，这样既不必时时看着对方的眼睛让自己产生紧张感，还可以更清晰地听到对方的谈话。

总之，在初次见面之后就将对方划入我们的人际关系圈子中，一定要在言行举止上把握好分寸，给人留下好的印象。如果第一次会面就能够深入交谈，摸清对方的“底细”，那么在接下来的交往中自然就会更加顺利。

与陌生人寻找共同点

心理学家做过这样一个实验：要求一些年轻人回忆曾经结交的一位最亲密的朋友，并说出为什么会和这个人关系最亲密。大多数人列举的都是与自己有共同点的人，比如“我们性格内向，都喜欢古典音乐”；比如“我们来自同一个地方，并且都爱运动，经常在一块儿踢球”，等等。

有句俗语“物以类聚，人以群分”，说的也是人们对和自己有共同点、志同道合的人容易有共同语言，容易成为朋友。

在日常生活中，我们经常可以看到，人生观、宗教信仰、对社会时事看法比较一致的人，更容易谈得来，感情更融洽。这是因为，人们与自己有相同点的人在一起时，能够得到对方的肯定，更会增加“自我正确”的安全感。他们之间发生争辩的机会也比较少，所以不会伤感情。

在与陌生人交往中，完全可以利用人们的这一心理特点，寻找双方某方面的共同点。

小路今年刚上大一，来到离家千里之外的城市，她感到有点孤独。在同学的鼓励下，爱好英语的小路报名参加了学校的英语角社团。可是，社团里的人也都来自不同的系，她一时真找不到好朋友。

社长是一位大三的师姐，一次偶然的机会，她们坐在一起聊天。社长问她：“学校那么多社团，你为什么选择报我们的英语角呢?”小路告诉她，因为自己从小就喜欢英语，在学校的时候，还经常参加英语比赛呢。社长听了显得十分高兴，说自己也是因为特别喜欢英语，所以三年前和几个同学一起办了这个社团，几乎把社团当成了自己的事业一样经营，真是有喜有泪啊。两人从英语聊开，后来居然发现，她们的家乡竟然是同一个地方。

共同的兴趣和经历，让这两位姑娘有相见恨晚的感觉。除了社团里的工作，两人在私底下也成为好朋友。社长作为师姐，还帮助小路准备、参加了大学生英语演讲比赛，取得了很不错的成绩。小路也交了很多社团里的其他朋友，再也没有感觉孤独过。

可以说，有着共同点、志同道合的陌生人往往会惺惺相惜，很快成为关系不错的朋友。那么，究竟这些共同点都包括什么呢？

1. 天气

天气是每个人都关心的问题，因为天气对于生活的影响太大了。天气不好，不妨交换一下彼此的苦恼："今天这天儿，我都穿得像南极企鹅了。"天气很好，不妨同声赞美。如果某地遇到暴雨或者干旱等天气异常情况，也可以拿出来谈谈，因为那是人人都关心的话题。

2. 坦白自己的感受

参加朋友聚会时，发现周围都是陌生人，与其躲在角落里一个人嘀咕"我太害羞了，与这种聚会格格不入"，还不如直接告诉坐在身边的陌生人，或许正是这句话，会让彼此成为知音。

3. 以轰动一时的社会新闻为话题

这也是闲谈的资料。假使有一些特有的新闻或特殊的意见和看法，那足以把一批听众吸引在我们的周围。

4. 家庭问题

关于每个家庭成员都需要知道的一些知识，例如，儿童教育、购物经验、夫妇之间怎样相处、亲友之间的交际应酬、家庭布置等，也会使大多数人产生兴趣，家庭主妇们尤其关心这类问题。

当然，我们也应当避免问一些令人扫兴的话题。在初次交往中，彼此各自都有一定的保留，所以纯属个人生活的事情不要多谈，可能没有人愿意听我们高谈阔论，诸如宠物、孩子、食物和菜谱、自己的健康、高尔夫球以及家庭纠纷之类的事。但可以针对时下人所共知的社会现象、热点问题等谈谈看法。

总之，如果我们善于选择合适的话题与对方交谈的话，相信会很快与他们建立起稳固的友谊。

“催眠”潜意识，迅速打开他的心扉

我们的大脑功能由意识和潜意识构成。而潜意识一般不会听从意识，却会听从自己或别人的暗示。就是这样特立独行的潜意识，却完全控制着我们的身体功能、状况和感觉。

很多人都懂得“害人之心不可有，防人之心不可无”的道理，因此都会告诫别人“不要与陌生人说话”，尽管我们不断地告诫我们的意识，不要轻信陌生人，但我们的潜意识是不设防的，它依然会我行我素地接受别人传递的信息，从而做出反应。在与陌生人交往中，可以利用潜意识的这种特质，来打开他们封闭的心，从而也就打开了我们人际关系的通道。

杰克去找一个难缠的客户谈业务，他去了好几次了，都没有谈下来。这天，他到了客户阿历克斯的办公室，看见了对方的办公室装潢很漂亮，于是说：“你知道，我是从事室内木工专业的，我从没有见过像这间一样漂亮的办公室。”

阿历克斯回答说：“谢谢你提醒了我已经差点忘了的事，这间办公室很漂亮是不是？当初这间办公室布置完成后，我确实非常喜欢，可是现在，由于我工作太忙，有时甚至于接连数星期不会注意到这上面了。”

“这是不是英国橡木？它和意大利橡木的品质稍有不同。”杰克过去用手摸摸办公室的壁板说。

“是的，这是进口的英国橡木，是一位专门研究硬木的朋友替我特别挑选的。”阿历克斯回答。

接着，阿历克斯陪同他参观自己设计的室内陈设，包括木门、油漆色彩和雕刻等。

他们在一扇窗前停了下来，阿历克斯和蔼地表示，他要捐助给罗贾士德大学和公立医院等一些钱，为社会尽一点心意。杰克热诚地恭贺他说，这是一个古道热肠的慈善义举。阿历克斯打开玻璃橱的锁，取出他从前买的第一架摄影机，那是向一个英国人买下的发明品。

杰克问他，当初如何开始他商业上的挣扎和奋斗的。阿历克斯感慨地叙述他幼年时候的贫苦情景——他守寡的母亲，开了一家出租小公寓。他自己则在一家保险公司做小职员，每天只赚5毛钱。他由于受到饥寒所困，所以立志要刻苦奋斗，免得母亲辛劳。

杰克又找些别的话题，而他自己却静静地听着。阿历克斯谈到他实验室的一段往事：他说他过去做实验的时候，整天待在实验室里，有时候整个晚上，有时候甚至穿起工作服，三昼夜不能脱下来。

杰克是上午10点15分进阿历克斯办公室的，当时那位建筑师曾劝告他，最多只能停留5分钟，可是，一小时、两小时都过去了，他们仍然在谈着。

最后，杰克获得了这笔总额9万元的订单。

在这个故事中，杰克是怎么让阿历克斯消除敌意的呢？其实很简单，他采用的就是“催眠”潜意识方式，让阿历克斯打开心扉。当一个人取得一定的成绩时，他就会自然而然地渴望得到别人，尤其是自己朋友的认可。如果这时，适当地奉上一句赞美，他就会感到无比欢乐。毕竟劳动终于得到了认可，再辛苦也值得。但是，当对方的成功已经成为习惯，对他人的赞美也已经听腻的时候，就没有必要再去画蛇添足了，这时，应该主动激发他们谈自己自豪的事情，这样不会比“甜言蜜语”的效果差。

我们在经营人际关系时，特别是陌生人，完全可以用这种方式来左右他人的心理和思维活动。这有点像是催眠，让他人不知不觉间就慢慢地走向我们。下面就给大家介绍两种影响他人潜意识的小窍门吧：

1. 用“同调”的语言技巧

也就是用对方语言中的特殊字眼儿来打动他。比如，有人对你说：“又是一年了，我想向各种不同的事情发起挑战。”那我们在与他交谈时，就可以反复强调“挑战”这个字眼儿。如“我平时不吃辣，今天就舍命陪君子，‘挑战’一下川菜。”或者“这种有‘挑战’性的工作，真是让人激情澎湃啊！”等等。反复强调的这些词会不知不觉间进入对方的潜意识，让他感觉到我们对他的重视，从而对我们产生好感。而每一次强调都是一次好感的累积，慢慢地，对方就会对我们产生更深的信任。

2. 说对方喜欢听的话

人人都喜欢听别人说自己的好话，因此我们就可以用好话来“催眠”他，让对方卸下心防。比如对一个性格内向的人，可以这么说：“我觉得你有时不太愿意表达自己，但是我发现，其实你是个很有意思的人，也很有魅力，只是你还没有把真实的自己展现在大家面前。”这时，对方多半会腼腆地笑笑，并且说：“你还挺了解我的，我也挺矛盾的，很想跟大家一起，但又不知道该怎么主动……”如此一来，再聊一些彼此感兴趣的话题，他的心房就会彻底敞开，进一步交往的大门也就随之打开了。

事实证明，在放松的状态下，人们更容易接受暗示，并且迅速打开心扉。我们在社交中要牢记这一点，在不知不觉中巧妙地“催眠”他人，让他人与我们的关系越来越近。

让陌生人感觉到被认同

哈佛大学校长查尔斯·伊里特博士是一位杰出的大学校长。一天，一个名叫克兰顿的大学生到校长室申请一笔学生贷款，被批准了，克兰顿万分感激地向伊里特道谢。正要退出时，伊里特说："有时间吗？请再坐一会儿。"接着，克兰顿十分惊奇地听到校长说："你在自己的房间里亲手做饭吃吗？我上大学时做过。我做过牛肉丸子，你做过没有？如果煮得很烂，这可是很好吃的菜呢！"接下去他又详细地告诉克兰顿怎样挑选牛肉，怎样用文火慢煮，怎样切碎，然后放冷了再吃。"你吃的东西必须有足够的分量，才能保证身体的成长发育。"校长最后说。那一刻，克兰顿的心情非常激动，原来校长也有这样的经历，真是太美妙了！

校长伊里特向克兰顿讲述了自己曾经在宿舍里做过牛肉丸子的事情，这让克兰顿觉得很亲切，赫赫有名的校长原来也和自己一样有过类似的经历。

如果在聚会中看到一个很想认识的人，怎样去结交他呢？在与陌生人交谈时很愉快还是很沮丧呢？为什么跟对方交谈时他却没有兴趣呢？

告诉大家一个能与陌生人愉快相处的方法：开始与陌生人交往的时候，总会心存芥蒂。那么这就需要我们打破这个局面，需要让对方感觉到被认同。这样，对方一下就会与我们亲近不少，彼此之间的交往便是水到渠成的事了。

小刘与小杨是一对好朋友。小刘很有人缘，他走到哪儿，就会给哪儿带来生气与活力。当别人讲话时，他会全神贯注地倾听，让别人充分感觉到自己被尊重。人们都喜欢接近他，愿意与他在一起工作、学习和聊天。

一天，小刘与小杨坐在办公室里闲谈。小杨向窗外望去，注意到他很讨厌的一个人正在向他们走来。

“讨厌的人过来了，我可不想碰到他。”小杨说着，想出去避开一下。

“为什么？”小刘问。

小杨解释说，他自从到这个单位以来，就觉得那个人不顺眼。他跟别人说话时态度非常蛮横，是一个没有礼貌的家伙。

小刘看着那个人说：“看上去他没有那样讨人厌烦啊，至少不像你说的那样。或许你想错了。”他接着说：“或许是你逃避他。你这样做，只因为你讨厌他。而他可能也觉得你不喜欢他，因此他对你也就不那么友善了。人们都喜欢那些喜欢自己的人，如果你对他表示好感，他就会以同样的方式对待你，去跟他说说话吧。”

小杨半信半疑，想了一下后走到那个人面前，微笑着问他：“你好，看你的装扮，好像是刚休假回来？”那人看着小杨，表现出十分惊奇的样子：“你好、你好，是啊，假期一结束，我马上赶回来了。”“假期过得还愉快吗？做咱们这行的就是这样，压力很大，你应该在家休息两天再过来也不迟啊。”“呵呵，压力肯定有。听说你这个月联系到了一个大客户？恭喜你啊！”……

小杨没有想到的是，那个人完全不是自己所想象的那样，并且与他的交谈还很愉快。

大部分年轻人都是这样，与人交际时总以自己的想法去衡量别人。每一次接触，我们都担心别人会如何看待自己，与此同时，别人也在担心我们会如何看待他们。如果我们不以自己的想法衡量对方，而是从对方角度考虑问题，认同对方，那么我们也会得到对方的认同。

建构良好人际关系的重点就是提高对方的“希望被认同和存在”感，因为任何人难免都会抱有“希望自己被别人关心”的欲求。因此，让陌生人感觉到被认同，也就容易打开我们与陌生人交往的局面。

会搭讪，与陌生人就没有距离

有一家公司要招聘一名经理，在应聘者之中，有两个人的表现非常好，公司有意从他们中间聘请一位。在等待结果的时候，其中一位应聘者并没有安静地坐下来，而是走到前台跟一位小姐搭讪，说了一会儿话。那位小姐跟他说了一些公司的事。

当两个应聘者再次坐到面试官前面的时候，那个跑去跟前台搭讪的人根据自己掌握的情况对公司提出了一些新的看法并说了几点建议。

结果可想而知，那个提出了新的看法并说出建议的人被聘用了。

由此可见，学会和陌生人搭讪是多么的重要。有很多人都有这种想法：“跟一个陌生人说话，如果他能回应还好说，如果不理会的话该多丢人啊！可能他会笑话我的，或者他会不会以为我有不良企图啊……”其实，这些都是我们多想了，跟陌生人说话远没有这么复杂。心理专家曾经做过调查，证实我们主动与陌生人说话时，对方通常表现出友好的态度，总体成功率在80%以上，这从而说明在陌生人中发展人际关系成功的概率比较大。

张斌有事欲去一趟外地，因为性格比较内向，一路上他也不愿意与他人多交流。刚到目的地，他便打算把住处安定下来，就可以放下行李去办事。于是，他便投宿在一家旅店中。由于房源紧张，已经没有单间了，最后只能与他人合住一间房。走进房间一看，房内已住了一位房客，此时正悠闲地躺在床上欣赏着电视节目。四目相对，两人都没有说什么话，气氛自然有些尴尬。于是，张磊便拿起早已准备好的书看了起来，自然也就放轻松了。

没过多久，又住进来一位房客，后来者先是麻利地放下旅行包，接着便冲了一杯浓茶。等一切收拾停当后，那位后来者便坐下来边品茶边研究着先到的那位。时间没多久，只听后来者便说道："师傅来了多久啦?""没多久，比这位客人先到了一刻。"先来者一边指着张斌，一边回道。"听师傅的口音，好像不是苏南人啊?""噢，山东枣庄人!"两人就这样一问一答道。

一提到枣庄，后来的那位可就来了兴致。"啊，枣庄是个好地方啊，我在读小学的时候就从《铁道游击队》的连环画上知道了。三年前，我去了一趟枣庄，还颇有兴致地玩了一遭呢。"听到这里，先来者来了兴趣。于是，两人也就从枣庄的铁道游击队谈开了，有说有笑的，瞧那股亲热劲，不知道的人还以为他们两人是一同出来的呢。经过一番的交谈后，两人颇感投缘，就互赠了名片，然后，又一起出去进餐，让人没有想到的是，临睡觉前双方居然还在各自带来的合同上签了字。

原来，两人都是生意人，先来的山东客人经营煤，而后来的苏南人是做风桶生意的。两人在一来二往中，也就谈成了生意，达成了合作。这场面，就连不善言谈的张斌都被打动了。

在这个故事中，不善言谈的张斌出差途中，亲自见到两位陌生人经过一番攀谈后成为朋友，并且向对方成功推销出自己的产品。同住一间房，虽然张斌与山东人先认识，然而两人相处一室却颇感尴尬。苏南人一出场，便迅速地打破这种局面，他巧妙借用"枣庄的铁道游击队"这个共同点，同山东人亲切地交谈起来，两人一见如故，并顺利地签订了合同。

搭讪，也就是平时我们所说的“没话找话说”。“没话找话”说起来也算是一个小技巧，北京话叫“套瓷”。会搭讪的人，有机会把陌生人变成自己的朋友；而不善搭讪的人，在受了传统社会僵化思维的影响，把“搭讪”这个结合了勇气和良好沟通能力的行为给妖魔化后，却永远只能停留在无尽的懊悔之中。其实，把与陌生人搭讪看得这么复杂是根本没有必要的。没话找话总比无话可说要强得多，至少可以给双方一个机会，而无话可说根本没有机会。结交陌生人时，我们至少要给自己一次机会，这个机会很可能将我们的人际关系进一步延伸。